陈鹤琴 著

柯小卫 束菱舟 编选

大夏书系·名家经典

陈鹤琴教育箴言

华东师范大学出版社

全国百佳图书出版单位

目录
Contents

编选说明

  《陈鹤琴教育箴言》辑录了著名儿童教育家陈鹤琴（1892~1982）关于现代儿童教育，以及师范教育、青年修养等方面的论述，从教育哲学、心理学、社会学，以及文化传承等角度，阐释教育的原理、本质与儿童教育的重要性和特殊性。全书共分九编，内容包括现代儿童教育观、儿童心理与儿童教育、幼稚园教育、小学教育、艺术教育、怎样做教师、怎样做父母、活教育、青年修养。在本书编选过程中，我们力图充分体现陈鹤琴教育学说所具有的系统性、科学性、普及性和实用性等特点，以期为了解、研究、实践陈鹤琴现代教育学说的广大教师、家长、研究者提供可供参考的资料、素材或走入现代儿童教育之门的路径指南或钥匙。

  享有"中国现代儿童心理学之父"和"中国的裴斯泰洛奇"盛誉的教育家陈鹤琴将心理学观察、研究成果应用于教学过程，强调儿童教育应遵循儿童身心发展规律，树立正确的儿童观，科学施教；同时将儿童教育始终置于明确的目标之下，即从小培养健康、健全的人格，不仅感觉敏锐，更应有健康的身体、做人的态度与充分的知识。在陈鹤琴看来，"教育的目的在于改进生活，充实生活；教育的本身是一种生活，而生活的本身也是一种教育。人在教育中生长，这一生长一方面是指个人道德行为、智力的发展过程，一方面是指整个人类向更高的道德和文化生活发展。"（引自《中国儿童教育之路》）他主张开发儿童的智力与"活"的能力，使儿童有机会接触并认识自己生活中的各种"活"事物，增长"活知识"，开展"活教育"；在教学过程中，打通各科目课程之间的隔阂，提倡"整个的教育"，"从儿童的生活出发完成儿童的完整生活"。与此同时，在儿童教育实施过程中，教师与家长素质的高低、教育观及教育方法正确与否，对于教育结果产生直接影响。他提出，儿童教育不仅是学校教育，还包括社会教育与家庭教育，将三者相辅而行并有机地联系起来，儿童教育的理想才容易达到。

　　本书由陈秀云女士指导并审阅，柯小卫、束菱舟编选。承蒙北京师范大学教授、博士生导师、中国陶行知研究会会长、原中央教育科学研究所所长朱小蔓教授，华东师范大学博士生导师单中惠教授和日本文部科学省教育专家一见真理子女士热情向广大读者推荐。在本书编选与出版过程中，华东师范大学出版社北京分社李永梅社长、程晓云编辑提出许多极有价值的建议，付出了大量努力，在此一并表示谢忱。

编者

2013 年 6 月 5 日

第一编

现代儿童教育观

儿童教育是一切教育的基础

1

幼稚时期对于儿童一生非常重要！所以幼稚教育是儿童的基本教育，亦即人群的基本教育。儿童在这个时期，关于习惯、知识、言语、思想各个方面都打了很深的根基。倘使在这个时期，根基稍一不稳，将来要想建造健全的人格，也就不可能了。所以，我们要培养健全的人格，促进健全的社会，第一需注重幼稚时期的教育，竭力宣传初期儿童教育的重要，而引起一般社会的注意。

（引自《〈幼稚教育〉发刊词》，1927 年，载《陈鹤琴全集》第二卷，第 073 页）

2

幼稚期是人生可塑性最大的时期，所以幼稚时期也是奠定人生健全发展的时期，故需有适当的环境与优良的养育，以促使民族的新生。

（引自《战后中国的幼稚教育》，1947 年，载《陈鹤琴全集》第二卷，第 412 页）

3

如果说，国民教育是一切教育的基础教育，

那么，幼稚教育更可以说是"基础教育的基础"。我们依据生理、心理的发展过程，可以证明幼稚时期是人生的最重要一个阶段，这一时期的教育也是最重要的教育。中国有句俗话说："3岁应9岁，9岁应80"。这是说幼稚时期所受教育的好坏，会影响到一个人终身性格、行为、事业的优劣成败。

（引自《中国儿童教育之路》，1947年，载《陈鹤琴全集》第四卷，第311页）

4

文化是由人类用智慧造成的，不是生物的遗传，乃是一种社会遗传，就是用人为的能力，一代一代地保持，一代一代地遗传。儿童期就是接收文化的时期。因为成人的学习能力，没有儿童期的大，几千年来文化的传递实在是儿童期的功用。

（引自《儿童心理之研究》，1925年，载《陈鹤琴全集》第一卷，第053页）

5

幼稚教育之关系甚大，所以需慎重办理。以儿童个人而论，这步教育不善，终身受影响，就是改正过来，也要费九牛二虎之力。我们大家都知道学习的开始是很重要的，正如同一出发点，可以向东，也可以向西，初时不注意，竟会闹成南辕北辙的，那岂不是比不学都坏吗？

（引自《幼稚教育》，1926年，载《陈鹤琴全集》第二卷，第015页）

6

儿童是振兴中华的希望。儿童教育是整个教育的基础，关系到我们伟大祖国的命运。

（引自《〈家庭教育〉重版序》，1981年，载《陈鹤琴全集》第二卷，第515页）

7

现在的儿童，就是未来的主人。社会的进化，国家的繁荣，要看这些未来主人的品格才智如何而定。培养这些主人的品格才智，端赖优良的儿童教育，那么儿童教育的重要，自然不用再说了。

（引自《儿童教育的根本问题》，1934年，载《陈鹤琴全集》第二卷，第645页）

8

身心健康是一个人最大的资本，民族健康是一个国家最大的资本……

（引自《怎样锻炼小孩子》，1951年，载《陈鹤琴全集》第三卷，第032页）

9

儿童时代，是一生的黄金时代，充满着一种天真烂漫的生活。这是一生中最值得纪念的。

（引自《儿童时代是一生的黄金时代》，1934年，载《陈鹤琴全集》第四卷，第159页）

10

我们现在第一急务，是要把儿童当作儿童看待。

（引自《在儿童节告全国成人们》，原载《申报》1932年4月4日儿童节特刊）

11

"现在的儿童，就是将来的国民。"这句话谁也知道，谁也不能否认的。儿童既然是将来的国民，那么将来我们国家社会能否繁荣，全看这些儿童现在有无良好的教育和将来能否成为良好的国民。至于如何教育儿童，使他们成为良好的国民，这就是我们成人的唯一重任了。

（引自《在儿童节告全国成人们》，原载《申报》1932年4月4日儿童节特刊）

儿童教育的目标与原则

1

讲到教育儿童，先要明了儿童的生理和心理。晓得儿童身体方面的性质和心理方面发展的程序，才可以晓得怎样去教他们，怎样去育他们，使他们发育强健的身体，养成良好的习惯，获得丰富的经验和知识，成为健全的国民，为我们将来的国家社会尽力。

（引自《在儿童节告全国成人们》，原载《申报》1932年4月4日儿童节特刊）

2

教育的目的，在于改进生活，充实生活；教育的本身是一种生活，而生活的本身也是一种教育。人在教育中生长，这一生长一方面是指个人道德行为、智力的发展过程，一方面是指整个人类向更高的道德和文化生活发展。

（引自《中国儿童教育之路》，1947年，载《陈鹤琴全集》第四卷，第310页）

3

至于儿童教育的范围，广义地说，应该把社

会和家庭的教育也包括在内。比如说，电影、戏剧、儿童读物、玩具、游戏场所等等，是社会给儿童的教育；父母对儿女的态度、教养、言语、行动是家庭对儿童的教育。社会、学校、家庭三者要相辅而行，有机的联系起来，儿童教育的理想才容易达到。

（引自《中国儿童教育之路》，1947年，载《陈鹤琴全集》第四卷，第310页）

4

我们现在不要一般顺民式的儿童。我们要有勇敢、进取、合作、有思想、肯服务社会的儿童。我们应根据儿童的心理来培养儿童。

（引自《怎样做父母》，1948年，载《陈鹤琴全集》第二卷，第651页）

5

我国兴办幼稚园年数也不少了，但是没有一个课程，也没有一些教材，所有的幼稚园都是宗法西洋成法，不是直抄福禄贝尔，就是直抄蒙台梭利，不肯自己加以变化，也不管儿童是否受纳，是否适合儿童的脾胃，最可笑的就是舍弃近而易得的，苦心地削足适履去求合于古法。

（引自《一年来南京鼓楼幼稚园试验概况》，1926年，载《陈鹤琴全集》第二卷，第005页）

6

无论在生理方面或心理方面，幼儿期的教育，都是非常重要的。儿童对社会适应得是否健全；儿童生理方面或心理发展的程度，是否表现着常态的前进；儿童对于卫生习惯有否养成，以及儿童身体健康，是否得到健美的发展，幼儿期的教育都该担负相当的责任。

（引自《儿童心理学》，1952年，载《陈鹤琴全集》第一卷，第487页）

7

新中国幼儿教育所负的任务，是培养全面发展的儿童，其教养原则如下：

第一，要使幼儿全面地发展。

第二，教材内容和教学法要和幼儿的实际生活相结合。

第三，要使幼儿习惯于集体生活。

第四，培养儿童独立活动的能力。

第五，必修作业和选修作业必须适当配合。

第六，幼儿园教育必须和家庭教育密切配合。

第七，要有计划地进行教学。

（引自《幼儿教育的新动向》，1951年，载《陈鹤琴全集》第二卷，第447~448页）

旧教育与新教育

1

所谓教育，它所要求的是积极地发展儿童的才能，积极地提高儿童的兴趣。但一般人，每受传统的教育所影响，而把教育看做了消极的管理，忽视了积极的启发，反而限制儿童的活动；另一方面，他们不积极地暗示儿童、鼓励儿童，而是处处批评儿童，讥笑儿童，殊不知道这种不良态度，正足以摧残儿童的成长。

（引自《儿童心理学》，1925 年，载《陈鹤琴全集》第一卷，第 488 页）

2

我们旧式家庭往往把小孩子当做"小成人"看待。既叫一个活泼好动的小孩子穿起长衫马褂来以限制他的动作，又叫小孩子一举一动要模仿成人的样子。无怪国中多"少年老成"的小孩子了。

（引自《家庭教育》，1925 年，载《陈鹤琴全集》第二卷，第 542 页）

3

旧式的教育是以社会为中心的，……以社会

为中心的教育偏重社会而忽略儿童的；以儿童为中心的教育注重儿童而兼顾社会的。

（引自《旧式教育与新式教育的分别》，1930年，载《陈鹤琴全集》第四卷，第042页）

4

传统教育以获得知识，预备升学为目的，所以处处地方都注重文字上的知识；而活教育的目的，则注重在培养儿童适应环境，控制环境，利用环境，怎样做人，怎样接待事物，接待人。

（引自《传统教育与活教育》，1946年，载《陈鹤琴全集》第五卷，第057页）

5

传统教育注重于文字的知识，听得来的知识，换句话，就是未经自己考验的知识；活教育注重于大自然，大社会，以实际生活做出发点，观察事物，调查情况，从事实验，通过这许多活动的课程——"做"的课程，获得实际的知识，真实的经验。

（引自《传统教育与活教育》，1946年，载《陈鹤琴全集》第五卷，第057页）

6

传统教育完全注重知识的传授，而活教育注重于实际的做，要学生自己做，注意分组学习，集体讨论，以相互的经验，来相互切磋。传统教育以教师为主，活教育以儿童为主。传统教育以社会为中心，所以教师就成了无上的权威，以恐惧来约束儿童；而活教育则以爱以德来感化儿童，每个儿童能自觉地来遵守集体公约，在"爱"的空气中陶冶儿童优良的品格。

（引自《传统教育与活教育》，1946年，载《陈鹤琴全集》第五卷，第057~058页）

7

传统教育把"学校"与"社会""自然"隔离，社会上发生的事情，自然界发生的现象，完全漠不相关，把学校变成"知识的牢狱"；活教育是使儿童与社会打成一片，和自然界紧密地呼吸在一起，注意社会上一切的活动，了解一切的变化，帮助社会，把意见贡献给社会，并且要尽力改造社会。

（引自《传统教育与活教育》，1946年，载《陈鹤琴全集》第五卷，第057~058页）

8

传统教育要儿童"苦读"，而我们应当要儿童"乐干"，惟有臻于乐干的境地，儿童才能学得真知识、真学问。

（引自《活教育的教学原则》，1948年，载《陈鹤琴全集》第五卷，第096页）

9

我们很清楚地看到在传统的学校里的儿童，

真是一些小可怜虫，他们机械地、被动地被灌输以有限的所谓"知识食粮"，而实际上他们却难以消化。不管他们认为多枯燥乏味，除了埋头读书外，别无他法，在教室四壁的梦坑、囚笼里，没有机会去接触大自然；只要他们读和写，而从不要求他们自己去想去做。就是在这样的背景下，活教育植下种子，生根发芽，开出花朵。

（引自《活教育》，1947年，载《陈鹤琴全集》第六卷，第240页）

10

在中国有一个不良的传统，就是把儿童送到学校去"读书"，而老师的工作是"教书"，在学校中只有书本才被认为是惟一的学习材料。要除去这个错误的观念，我们提出：大自然与大社会是知识的主要源泉。

（引自《活教育》，1947年，载《陈鹤琴全集》第六卷，第243页）

11

私塾教育在中国已有几千年的历史，它的优点，我们应当采用，并发扬而光大之，但是它的弱点太多，它的组织、它的内容，太不适于现代的情形了。

（引自《我的半生》，1941年，载《陈鹤琴全集》第六卷，第499页）

12

我们都知道旧的教学就是"读书"，教师抱住书本教，学生抱住书本读，离开了书本，便没有知识。这种教学在今天确已成为教育的危机，它已无法适应现代化社会的要求。所以，我们如果要追求教育的改造，首先必须打破"读书"的观念，把旧的教学转化为活动。这就是我们常常说到的"做中学，做中教，做中求进步"的主张。

（引自《世界儿童互助运动——从儿童互助说到师范教育运动》，1947年，载《陈鹤琴全集》第四卷，第335页）

13

旧的教学是把一些孤立的知识，片断地灌输给儿童，教材内容都是漠不相关的知识的堆砌。不管儿童是否能够接受，不管儿童是否感到需要，这完全是填鸭式的教育，当然谈不到什么真正教育的作用。

（引自《世界儿童互助运动——从儿童互助说到师范教育运动》，1947年，载《陈鹤琴全集》第四卷，第336页）

14

在传统的学校教育之下，儿童的一切工作，都是在被动的情境下进行的。在儿童心里觉得这是老师叫我做的工作，这样，工作就变成"还债"式的了。因此，儿童的生活是枯燥的，情绪是冷淡的，总之，埋没了儿童的力量，摧残了儿童的创造力。

（引自《重视儿童的力量》，1947年，载《陈鹤琴全集》第四卷，第339页）

15

陶行知先生的话很对，我们的教育亦要用手把中国固有的好的文化、好的艺术保存之，发扬光大之，这才是我们的责任。中国原来的陶、漆、窑器等工业很好，我们都应当学，我们要建设中国自己的文化。

（引自《欧洲各国小学教育新趋势》，1935年，载《陈鹤琴全集》第四卷，第147页）

16

这次考察欧洲11国教育，最重要的感想有四：（一）各国注意健康教育，注重体育；（二）各国教育注重"做"字，注意培养动手能力和创造精神；（三）各国的教育普及；（四）教师教法好，有专业研究精神。

（引自《欧洲各国小学教育新趋势》，1935年，载《陈鹤琴全集》第四卷，第147页）

17

他们的主义是："从生活，为生活。"（par la

vie, pour la vie）这句话的意思，就是将儿童放在适当的环境里去发展他的生活，儿童必须从直接经验中，去学习，去求知识，去求技能，去做人。

要达到这种目的，儿童必须要有空气和日光，要有空地可以活动，要有充分的设备，可以自动。

（引自《参观德可乐利学校报告》，1936 年，载《陈鹤琴全集》第四卷，第 148 页）

18

亲爱的小孩子：到处有科学，到处有发明，你们要张开眼睛看看，提起耳朵听听，伸出双手动动，拔起两腿跑跑，谁敢说你们将来不是中国的牛顿，不是中国的瓦特，不是中国的爱迪生呢？

（引自《煨粥也有科学吗》，1939 年，载《陈鹤琴全集》第四卷，第 155 页）

尊重儿童生长的规律与特点

1

对于个人而言，儿童期就是可塑性（plasticity）的意思。

（引自《儿童心理之研究》，1925 年，载《陈鹤琴全集》第一卷，第 052 页）

2

对儿童的培养与成人不同，不能给他们成人化的东西，要适应他们的生理、心理特点，要做到儿童化。儿童化很重要的一点就是要合乎儿童的特点。

（引自《切实开展对幼儿教育的科学实验》，1979 年，载《陈鹤琴全集》第二卷，第 503 页）

3

我们为什么叫儿童穿起长衫来？为什么称儿童叫"小人"？为什么不准他游戏？为什么迫他一举一动要像我们成人一样？这岂不是明明证实我们以为儿童同成人一样的观念么？儿童既然同成人一样，所以他亦应当穿成人的长衫马褂，不晓得长衫马褂于他的行动大生妨碍，并很违逆他的好动本性。至于叫他端端正正地坐在家里，不得往外游戏，这是愈不对了。

（引自《儿童心理及教育儿童之方法》，1921 年，载《陈鹤琴全集》第一卷，第 001 页）

4

儿童不是成人的缩影，而是有他独特的生理、心理特点的。幼儿期是身体和智力发展的极为重要的时期，必须掌握其特点，掌握其生长发展的科学规律，才能把幼儿教好、养好。儿童心理学的知识对于进行幼儿教育是异常重要的。特别要重视对幼儿从初生到学龄前这一段的心理发展和各年龄的心理特点的研究（包括心理活动的生理机制，心理活动和生理变化的关系），掌握幼儿的特点和心理发展的规律，把幼儿教育的工作建立在科学的基础上。

（引自《切实开展对幼儿教育的科学实验》，1979 年，载《陈鹤琴全集》第二卷，第 504 页）

5

我特别认为应根据幼儿的特点，多给儿童感性的知识，创造各种环境和条件，多让儿童接触大自然和社会生活，多观察，多活动，扩大他们的眼界，增进幼儿的科学常识，发展他们的智力。

（引自《切实开展对幼儿教育的科学实验》，1979 年，载《陈鹤琴全集》第二卷，第 505 页）

6

儿童的成熟与否，不能用成人的标准来衡量，我们应当用儿童的成熟阶段来衡量儿童。就儿童的立场来说，未成熟便是一种生长之力，积极的力……

（引自《杜威为什么办实验学校》，1947年，载《陈鹤琴全集》第五卷，第115页）

7

儿童的思维发展是从具体到抽象的，儿童在发展初期，形象思维多于概念思维，因此形象式的直观教学法对于发展儿童的思维是有很大帮助的。

（引自《夸美纽斯的教育理论》，载《陈鹤琴全集》第五卷，第275页）

8

人既有智愚的分别，我们应否施以同样的教育？照我们人类几千年的经验以及科学家几十年的试验，觉得智愚不应受同样教育的。对于资质鲁钝及聪明的，我们均应施以特别教育以发展他们的天赋能力。

（引自《测验概要》，1925年，载《陈鹤琴全集》第五卷，第485页）

9

语言系第二信号，应有物质基础。因此学习语言，掌握语言的真理，必须从实际出发。例如要儿童学习"冷""热"这两个字，我们必须把冷的东西和热的东西与儿童相接触，若是单单叫他用耳朵听听那两个字的声音，那两个字对于他是毫无内容，不过是空洞的声音而已，一点没有用处。

（引自《书批·读〈幼儿园的语言课程〉》，载《陈鹤琴全集》第六卷，第422页）

10

儿童年纪愈小，则记忆力愈弱，不过记忆之保存，则愈小愈好。此因儿童的神经系统小时易受训导，并因小时思想不复杂的缘故。儿童九岁以前，听觉的记忆比视觉的记忆好，九岁以后，则视觉的记忆比听觉的记忆好，这是天然的支配。听觉的记忆最发达之限度至十四岁止，视觉的记忆最发达之限度至十五六岁止。儿童视觉的记忆，具体的东西易记，抽象的文字不易记。

（引自《编译儿童用书与儿童心理》，1921年，载《陈鹤琴全集》第四卷，第002页）

11

健康可分为两种，就是生理的健康和心理的健康。生理的健康是心理健康的基础。有了它才有快乐，才有行为的美，才能天真烂漫地表现得很自然。至于心理的健康是常常为人所忽略的，在这里我要提出来谈谈，就是不要自卑，要养成小孩子的自尊心。

（引自《怎样做父母》，1948年，载《陈鹤琴全集》第二卷，第684页）

教育普及

1

中国若要培养一等的民族，建立一等的国家，必须注重幼稚教育，必须普设托儿所。

（引自《苏联的托儿所》，1946 年，载《陈鹤琴全集》第二卷，第 434 页）

2

有人指责我们有丰富的设备，优良的教师……非一般社会所能办到，但是我们为试验起见不得不多方尝试；况且我们刻刻不忘平民化的精神。我们正在试验最低限度的幼稚园。我们希望试验出花 200 元开办费可以办一所极好的幼稚园；一个极小的村庄里，只要有一位妇女能做幼稚教师，与邻居合作，就可以举办一所家庭幼稚园。

（引自《一年来南京鼓楼幼稚园试验概况》，1926 年，载《陈鹤琴全集》第二卷，第 011 页）

3

我们要把幼稚园、托儿所从大都市带到小都市，从城镇带到乡村，从为少数贵妇官绅服务的到为农工劳动大众服务。

（引自《战后中国的幼稚教育》，1947年，载《陈鹤琴全集》第二卷，第423页）

4

我们中国文盲数占全国人口80%以上，大多数的家庭，都不能够担负这种培育幼儿的任务，甚至一部分受过教育的家庭也是这样。说来真是可叹。所以我国儿童的死亡率特别高，身体也特别的弱，各种不良的习惯和行为也都是在那个时候养成的，在这种情形之下，不晓得戕害了多少天真活泼的儿童，减少了多少国家民族的新生力量，这多么可惜，多么危险！

（引自《从幼稚教育说到幼稚师范教育》，1942年，载《陈鹤琴全集》第五卷，第032页）

5

照现在的情形说，普及民众教育，确是一桩艰辛的工作。它需要每个人都能持久、忍耐地工作下去。这种持久忍耐的动力是什么呢？动力就在于教学双方的认识。

（引自《民众教育要怎样普及》，1947年，载《陈鹤琴全集》第五卷，第216页）

6

大家应当明了民众教育的普及是一种运动，教学双方参与了普及教育的工作，并非参加个别的活动或存自私的意图，它纯粹是推广一种运动，在这运动的巨流中，每个组成分子都有一股力来丰富它的内容，充实它的力量。要教学的双方建立起健全的态度来，要做到"明理第一，识字其次"。

（引自《民众教育要怎样普及》，1947年，载《陈鹤琴全集》第五卷，第216页）

7

以往民众教育之所以无法普及，就因为以往人们只注意识字，而忘记了明理，忘记了建立教学双方的工作态度。因此，工作变成了被动，识字变成了受罪，普及教育自然没法完成。现在我们必须以最大的努力来纠正这种积弊。

（引自《民众教育要怎样普及》，1947年，载《陈鹤琴全集》第五卷，第216页）

8

现今新教育的趋势，是要使人人得同等的教育机会。这句话怎样讲呢？就是说无论一个人天资优良或天资愚拙，无论年幼或年老，无论贫贱或富贵，无论才能、兴趣怎样各别，都应得到同等的教育机会，以发展各人之所长。这是德谟克拉西教育的真义。

（引自《智力测验法》，1921年，载《陈鹤琴全集》第五卷，第285页）

9

行知先生曾经告诉过我们，要大家"认定中国是个穷国，必得用穷的方法去普及穷人所需要的粗茶淡饭的教育，不用浪费的方法去普及穷人所不需要的少爷、小姐、书呆子的教育"（陶行知《中国普及教育方案商讨》，发表在 1935 年 1 月《中华教育界》第二十二卷第七期）。仅仅这几句话，说明了中国普及教育的困难与特质。仅仅这几句话，道出了中国普及教育的道路与方向。

（引自《民众教育要怎样普及》，1947 年，载《陈鹤琴全集》第五卷，第 214 页）

10

以往的教育，是学生找先生，并不是先生找学生；是大众找教育，并不是教育找大众。现在我们要先生去找学生，要教育去找大众，这就要打破学校的围墙，把教育送上门去。

（引自《民众教育要怎样普及》，1947 年，载《陈鹤琴全集》第五卷，第 215 页）

11

把教育送上门去，方法固然周到，但哪里来这样多的教育工作人员呢？这里我们便需借助于传递先生，动员全国的教师学生，动员全国的识字成人，动员全国的知识分子，让每个人都来找寻两个学生；让他们的学生，再去找寻两个学生，运用即知即传的原则方法，普及大众教育。

（引自《民众教育要怎样普及》，1947 年，载《陈鹤琴全集》第五卷，第 215 页）

12

总而言之，若男子不受教育，对于旧式婚姻断不能发生不满意的心；若女子不受教育，断不能达到解放那一天；若男女都不受教育，中国的婚制断无改良之一日。所以要改良中国的婚制，增进人类的幸福，巩固国家的基础，当从普及教育着手，尤当从提倡女子教育着手。

（引自《学生婚姻之研究》，1921 年，载《陈鹤琴全集》第六卷，第 047 页）

第二编

儿童心理与儿童教育

儿童心理学的重要性

1

儿童心理学，顾名思义，便是一种研究儿童心理发展规律的科学，它是以儿童为研究对象，以心理发展为研究主题的科学。研究儿童心理学，便可以知道儿童的感觉发展的情形，动作发展的程序，他的情绪的变化与发展，他的记忆与遗忘，他的习惯与思想。凡儿童的生活现象，儿童心理学都应予以严密的研究。

（引自《儿童心理学》，1952 年，载《陈鹤琴全集》第一卷，第 408 页）

2

做父母、做教师的，要怎样来实践他们教导儿童的责任呢？我觉得可靠的途径之一，便是要了解儿童，儿童的喜怒哀乐、儿童的生长与成熟、儿童的学习与思想、儿童的环境以及从儿童新生到成长的整个过程当中所产生的一切变化与现象，我们都应当有相当的研究与认识。

（引自《儿童心理学》，1952 年，载《陈鹤琴全集》第一卷，第 407 页）

3

与幼稚教育直接有关系的，就是幼稚生心理的研究。若不知儿童的心理而施行教育，那这种教育必定没有良好结果的。儿童心理学是幼稚教育的基础。未施教以前，我们应当知道儿童的心理，他怎样学的，用什么方法学起来最经济、最有效力。

（引自《幼稚教育之新趋势》，1927 年，载《陈鹤琴全集》第二卷，第 101 页）

4

我们若要教育之有成效，非明了受教育者之心理不可。若不顾受教育者之心理而妄教之，那么有不失败的？

（引自《儿童心理之研究》，1925 年，载《陈鹤琴全集》第一卷，第 372 页）

5

凡研究儿童的人，必须具有以下资格：

1. 知科学的方法，具科学的精神。

2. 对于儿童有敬爱之心。

3. 曾经研究过普通心理学。

4. 必须有恒心和细心。

5. 与儿童接触的机会要多。

（引自《儿童心理之研究》，1925 年，载《陈鹤琴全集》第一卷，第 361 页）

6

我敢说小孩子一点不笨，一点不顽皮。这实在是父母的笨，教师的笨。他们不懂怎样教小孩，他们不明了小孩子的心理。

（引自《怎样做父母》，1948年，载《陈鹤琴全集》第二卷，第651页）

7

我的目的是与格（格雷戈里，Gregory）、詹（威廉·詹姆士，William James）二氏相同的，就是"心理学具体化，教育法大众化"，使得做教师的、做家长的读了，都能了解，都能应用，并供同人研讨。

（引自《活教育的教学原则》，1948年，载《陈鹤琴全集》第五卷，第065页）

8

儿童的脑筋，原是纯洁无瑕的。我们教导纯洁无瑕的儿童，就是要教他们吸收一切有益的印象，发展合理的思想和思考的能力，摒除一切不好的印象，避免差误的思想和无谓的恐惧，所以在积极方面，要利用他们的好奇心，引导他们去研究他们的环境，教导他们自己去探索各种事物的原理，借此获得正常的经验，组织准确的想象。

（引自《儿童教育的根本问题》，1934年，载《陈鹤琴全集》第二卷，第645页）

9

我们晓得一个儿童生来无知无识的，试问他怎样能有知有识呢？他生来并不知冰是冷的，火是热的，铁是坚的，水是弱的，那样东西的性质，这样东西的滋味，他怎样能支配工具，怎样能控制万物，他的身体怎样得着运动，他的道德怎样能发展，他的智力怎样能增进，他的群育怎样能养成？这些就都是他的好动心的功劳……

（引自《儿童心理及教育儿童之方法》，1921 年，载《陈鹤琴全集》第一卷，第 002 页）

10

儿童不是"小人"，儿童的心理与成人的心理不同，儿童时期不仅作为成人之预备，亦具他的本身的价值，我们应当尊敬儿童的人格，爱护他的烂漫天真。

（引自《儿童心理及教育儿童之方法》，1921 年，载《陈鹤琴全集》第一卷，第 007 页）

11

研究儿童心理是一种最有趣的事，也是在儿童教育上算为一种最紧要的事情。不知儿童心理，哪里可以教育儿童？所以欧美各国对于研究儿童的心理非常注重。但我国研究者寥寥，而一般教育家空谈教育，却不去实地研究被教育者之心理，无怪教育之不见日进。

（引自《儿童心理之研究》，1925 年，载《陈鹤琴全集》第一卷，第 361 页）

12

近代教育即以儿童的心理为根据；学科心理，即是把儿童心理应用到学科上去。但是做教师的单单明了儿童心理而不知道学科心理，是不够的，是不能教得特别优良的。我们一方面要研究儿童怎样学习；一方面要研究什么样的教材，才适合儿童的心理，适合儿童的能力。

（引自《小学各科心理学·卷头语》，1940 年，载《陈鹤琴全集》第四卷，第 388 页）

儿童心理与教育

1

好奇心是儿童学问之门径，吾人不可不注意的，不得不利用它的。

（引自《儿童心理之研究》，1925年，载《陈鹤琴全集》第一卷，第183页）

2

好奇心对于儿童之发展，具莫大的作用。儿童凡对于一切新的东西就生出好奇心，一好奇就要与新的东西相接近，一接近那就略晓得这个东西的性质了。假使儿童与新的境地相接触愈多，他的知识必愈广，虽然由好奇心所得的知识，一时不发生什么效力，但后来于实用上很关紧要的。

（引自《儿童心理之研究》，1925年，载《陈鹤琴全集》第一卷，第182页）

3

我们教育儿童，亦当利用他的好奇心。好奇心为知识之门径，我们当利导之。我们有些父母常常摧残这点好奇心，禁止儿童"多嘴"、"饶舌"，这实在令人痛恨之极。

（引自《儿童心理及教育儿童之方法》，1921 年，载《陈鹤琴全集》第一卷，第 007 页）

4

儿童好游戏乃是天然的。近世教育利用这种活泼的本能，以发展儿童之个性与造就社会之良好分子。幼稚园教育，即根据游戏本能。中小学校亦以游戏为施教之良器。但是吾国社会对于游戏不加注意，甚有以为学校不宜让儿童游戏的。普通人常以游戏为顽皮。

（引自《儿童心理及教育儿童之方法》，1921 年，载《陈鹤琴全集》第一卷，第 004 页）

5

游戏是儿童的生命，游戏具种种教育上的价值，我们更加宜利用的，但是我们也要明白这个游戏是随年岁而变迁的。

（引自《儿童心理及教育儿童之方法》，1921 年，载《陈鹤琴全集》第一卷，第 007 页）

6

儿童在生活经验中从第一信号系统所感受的无数信号，通过语言达到了抽象化和概括化的地步，因此儿童的思想也就有条件发展了。他的观察力、辨别力、组织力也就逐渐地发展起来。

（引自《从一个儿童的图画发展过程看儿童心理之发展》，1956 年，载《陈鹤琴全集》第一卷，第 564 页）

7

小孩子的天赋虽好，必藉后天的教育方能得着发展；反而言之，后天的教育任凭怎样优良，若无先天的遗传为之基础，也无所施其技的；所以天赋与教育都是很重要的。

（引自《家庭教育》，1925 年，载《陈鹤琴全集》第二卷，第 528 页）

8

从生理方面来说，走路对这个时期的儿童是一件很重要的事。走路是战胜空间的重要活动，也就是使他与周围世界接触的范围扩大了。

（引自《从一个儿童的图画发展过程看儿童心理之发展》，1956 年，载《陈鹤琴全集》第一卷，第 564 页）

9

行走的发展，尚有赖于儿童的智力，就是说，儿童必须有起码的学习行走的心理准备，儿童智力高者，其行走便发展得较早。

（引自《儿童心理学》，1952 年，载《陈鹤琴全集》第一卷，第 454 页）

10

语言是第二信号系统，是人们高级神经活动的表现之一，从语言可以看出儿童的生活经验，也可以看出他的知觉概念和思维的发展。图画中表现的语言虽是只能表现概念思维的一部分，但是从这部分里，我们也可以了解到儿童心理发展的情况。

（引自《从一个儿童的图画发展过程看儿童心理之发展》，1956 年，载《陈鹤琴全集》第一卷，第 582 页）

11

口吃一症，是从后天发生的，是因为未口吃以前，口吃者偶遭阻力，使所要说的字句，忽而说不出来，以后就怕说那个字句。一怕说，寻常说话的机械动作大受阻挠，而还要用力去战胜它，说话的机械动作一受阻挠，说话因此不易，而惧怕益甚……还有一种致口吃的原因，就是模仿。

（引自《儿童心理之研究》，1925 年，载《陈鹤琴全集》第一卷，第 354~355 页）

12

口吃儿大抵因惧怕发生的。所以矫正之法，不外使口吃的儿童有自信心，使他战胜他的惧怕心。最好常教以唱歌，与以独自低说。

（引自《儿童心理之研究》，1925 年，载《陈鹤琴全集》第一卷，第 355 页）

13

你若看见了口吃的人，应当怎样教他呢？你绝对不要说他，你一听到他有一句话说得不口吃，就称赞他说："啊！你这句话说得好。"这样一来，他的胆子就大了，他的胆子一大，口吃的毛病就会减少，慢慢地口吃就会无形中消失了。

（引自《活教育的教学原则》，1948年，载《陈鹤琴全集》第五卷，第072页）

14

思想是最高的智力作用，也是支配万物、创造文化最紧要的利器。不过人的思想不是生来就有的，也不是成人所能独占的，乃是生后渐渐地发展的。

（引自《儿童心理之研究》，1925年，载《陈鹤琴全集》第一卷，第328页）

15

发展思想的教育方法：

1. 儿童自己能思想到的，你切不可代他思想。

2. 使儿童得到充分的思想机会。当特意设置种种新动境、新问题，叫儿童来适应、来解决。

3. 使儿童得到丰富的经验，经验是思想之根本。

4. 教儿童善用言语文字以及学习种种美术。言语是思想的利器。

5. 改正儿童谬误的思想。

（引自《儿童心理之研究》，1925年，载《陈鹤琴全集》第一卷，第331页）

16

儿童看见一件新的东西，一定要用手去摸，

或是亲手去做，如此得到的经验，能够格外的长久保持。所以用眼看要比用耳听好，用手做比用眼看更好。故我们的教学，要多用手做，多用眼看，而少用耳听……

（引自《一个理想的小学校》，1928 年，载《陈鹤琴全集》第四卷，第 034 页）

17

感觉训练是认识一切环境的基础。"生而知之"是不可能的。儿童对于环境中各种事物的认识一定要眼睛看到，耳朵听到，手接触到，才能了解事物的真相和性质。著名的女教育家蒙台梭利认为训练儿童的感觉是非常重要的，这是很正确的。

（引自《怎样做人民的幼稚园教师》，1950～1951 年，载《陈鹤琴全集》第二卷，第 438～439 页）

18

儿童秉性好动，我们不要仍旧用消极的老法，来剥夺他的活泼天性，必须予以适当的环境，能使他充分地发展。

（引自《儿童心理及教育儿童之方法》，1921 年，载《陈鹤琴全集》第一卷，第 007 页）

19

儿童大都喜欢比赛，喜欢竞争的。做教师的应当利用这种心理去教导儿童，去增加儿童的兴趣，去促进学习的效率。所以在学校里，有什么作文比赛、演讲比赛、阅读比赛、书法比赛、足球比赛、乒乓球比赛、图画比赛，甚至于科学比赛、健康比赛。什么科学，什么活动，在学校里都可以比赛，这种比赛式的教学，各国都曾经充分利用的。

（引自《活教育的教学原则》，1948 年，载《陈鹤琴全集》第五卷，第 078 页）

20

小孩子从小就有羞耻心的，他喜欢别人称赞他，不喜欢别人说他、骂他。我们就利用这种心理去控制他的行为，什么事，我们要他做，我们就要鼓励他，什么事，我们不要他做，我们就不赞成他做。但他的羞耻心是要逐渐培养的。倘使我们随便说他骂他，起初他会受了相当的刺激，不过到后来，"说说骂骂"会失掉效用的。

（引自《怎样做父母》，1943 年，载《陈鹤琴全集》第二卷，第 668 页）

21

小孩子喜欢奖励的，不喜欢抑阻的。愈奖励他，他愈喜欢学习；愈抑阻他，他愈不喜欢学习。愈喜欢学习，经验愈丰富，学习的能力发展愈大；学习的能力发展愈大，所学习的事就愈容易学会。学会的事体愈多，做事的自信心就愈强。若小孩子愈不喜欢学习，就愈不去学习；若愈不去学习，做事的能力就愈加薄弱。

（引自《家庭教育》，1925 年，载《陈鹤琴全集》第二卷，第 536 页）

22

小孩子生来一点没有什么观念的，但是他有几种基本的能力：一、接受外界的刺激；二、这种刺激在脑筋中肌肉里或者可以保留着；三、他受到那种刺激到相当时期，有相当的反应。

这三种基本的能力，是他一生做人的基础。

（引自《为儿童造良好的环境》，1935 年，载《陈鹤琴全集》第二卷，第 636 页）

23

刺激就是从环境来的，好的刺激，就得到好的印象；坏的刺激就得到坏的印象。他听见家庭里常常骂人的声音，到后来就不知不觉地也会骂人。他虽然不晓得骂人是好是坏，他看见成人是这样做，就这样学。他看见成人随地吐痰，他也不知不觉地随地吐痰，他不晓得随地吐痰是好是坏，他看见成人这样做，就这样做。

（引自《为儿童造良好的环境》，1935 年，载《陈鹤琴全集》第二卷，第 636 页）

24

反过来说，如若他所居的环境是很优美的，所听见的音乐是很好的，他就不知不觉地很高兴地唱起来。他看见美丽的图画，他也来画画看。

他看见别人说话文雅，走路轻快，他也会慢慢儿说话文雅，走路轻快的。

（引自《为儿童造良好的环境》，1935年，载《陈鹤琴全集》第二卷，第637页）

25

怎样的环境，就得到怎样的刺激，怎样的印象。从所得的印象中，常常发生与印象有关系的动作。所以从前孟母要三迁其居，是深深明了小孩子到了那种环境，他就会做出那种动作来的。

（引自《为儿童造良好的环境》，1935年，载《陈鹤琴全集》第二卷，第637页）

26

没有一个人不喜欢听好话的，也没有一个人喜欢人家骂他的。这种心理，是每个人都有的。我们可以利用这种心理来鼓励儿童怎样做人，怎样求学。

（引自《活教育的教学原则》，1948年，载《陈鹤琴全集》第五卷，第071页）

27

暗示有两种，一种是正的暗示，譬如有两个小孩子在一起，一个是诚实的，另一个是喜欢说谎的，你要对那个诚实的小孩子嘉许，奖励他，使那个说谎的小孩子感动，走上诚实之道；其次是一种反的暗示，譬如你的小孩子跑来报告你一件事时，你要信任他，不要说："真的吗，你不要骗我呀！"如果你这样说，在小孩子的心灵上，就种下一个说谎的种子，以为说谎原可以骗的。

（引自《怎样做父母》，1948 年，载《陈鹤琴全集》第二卷，第 690 页）

28

我们必须应用正的暗示去感动小孩子，不要用反的暗示去刺激小孩子说谎的动机。

（引自《怎样做父母》，1948 年，载《陈鹤琴全集》第二卷，第 690 页）

29

你要儿童说话说得很得体，做人做得很好，你要他处世接物都很得当，你一定要使他在适当的环境之内得到相当的学习。

（引自《活教育的教学原则》，1948 年，载《陈鹤琴全集》第五卷，第 069 页）

30

动作是富于暗示性的。动作愈激烈，暗示性当然愈大。小孩子看了戏剧电影，回到家里就要去表演。戏剧电影是活动的，有很大暗示性的魔力，因此我们要利用戏剧，利用电影，去实施儿童教育，实施社会教育。

（引自《活教育的教学原则》，1948 年，载《陈鹤琴全集》第五卷，第 085 页）

31

小孩子的许多惧怕，大部分是由父母的暗示养成的。做父母的自己怕这样，怕那样，哪里还希望他们的小孩胆大呢。小孩子固是很容易受人暗示的。惧怕性的暗示可以使小孩子发生惧怕；但反惧怕性的暗示可以使小孩子打消惧怕。所以我们做父母的应当怎样慎重我们自己的行为和言语，使我们的小孩子不至于胆小如鼠的样子。

（引自《家庭教育》，1925 年，载《陈鹤琴全集》第二卷，第 590 页）

32

小孩子对于环境的动作，常常有许多变化的。做父母的切不可一一去允许他。可以允许的，就允许他；如不可以的，那就应当毅然拒绝他。如果不论可否一听见小孩子哭，就立刻去应许他，那他以后就要以哭为惯技了。做父母的未尝不恨小孩子以哭来要挟的行为，因为哭声刺耳，实在难过，所以不得已去屈从他的要求。其实小孩子哭哭是不要紧的。

（引自《家庭教育》，1925 年，载《陈鹤琴全集》第二卷，第 595 页）

33

儿童富于模仿的，所以，任何事情，他都能模仿。尤其是跟他最接近的人，如父母或教师的一举一动，他都会去模仿，父母与教师的行为举动，不能不谨慎。

（引自《儿童心理学》，1952年，载《陈鹤琴全集》第一卷，第490页）

34

大家都知道，儿童好奇好模仿，富于想象，不过儿童没有分辨是非善恶的能力，而想象也不一定正确合理。因此，我们可以利用有组织、有条理、有教育意义的故事，使儿童学习正确的语言，模仿善良的行为，帮助儿童判别善恶是非，并启发儿童合理地运用思想，扩充儿童的知识，以培养儿童对宇宙间的事物进行钻研。

（引自《如何利用故事教学对幼稚生进行爱国主义教育》，1951年，载《陈鹤琴全集》第二卷，第479页）

35

在幼稚期，婴儿喜欢独自游戏。到儿童初期，他就要同伴同游。假使没有同伴，那末他就想象一个或几个同伴，他能与这个幻想的同伴一同游戏，一同起居饮食，但到底他的同伴是幻想的，他终究觉得寂寞的。所以我们一定要使得儿童有良好的伴侣。

（引自《儿童心理及教育儿童之方法》，1921年，载《陈鹤琴全集》第一卷，第006页）

从小教起，从小教好

1

我们知道幼稚期（自生至 7 岁）是人生最重要的一个时期，什么习惯，言语，技能，思想，态度，情绪都要在此时期打一个基础，若基础打得不稳固，那健全的人格就不容易形成了。

（引自《家庭教育》，1925 年，载《陈鹤琴全集》第二卷，第 512 页）

2

一个人假使养成了一种良好习惯的话，他将得到很多的益处，一生受用不尽。假使习惯不好的话，那么，将使他一生蒙受害处……

（引自《怎样做父母》，1948 年，载《陈鹤琴全集》第二卷，第 681 页）

3

总之，习惯与人生有很重要的关系。我们必须培养小孩子们有良好的习惯，不只是生理上的习惯，而且是心理上的习惯。要养成生理上与心理上的习惯，不但要"慎之于始"，而且要"慎之于终"。有恒的继续下去，不要间断，同时必须注意到养成此种良好习惯的教育环境。

（引自《怎样做父母》，1948年，载《陈鹤琴全集》第二卷，第682~683页）

4

卫生习惯是巩固儿童身心健康的必备条件，从幼稚园开始就要积极指导儿童注意日常生活上的卫生习惯。如每天早晨大便一次，不乱吃零食，经常保持身体、头脸、服装的整洁习惯等等。

（引自《怎样做人民的幼稚园教师》，1950~1951年，载《陈鹤琴全集》第二卷，第437页）

5

小孩子必须有服从的习惯，这习惯应由父母慢慢地训练起来。比如父母教小孩先洗手后吃东西，小孩就该去洗手。父母教小孩在夜里9点钟去睡觉，小孩子就得按时去睡觉。父母教小孩这样，小孩子就得这样。父母教小孩子不要那样干，小孩子就非停止不可。小孩子有了服从的习惯，才可以适应社会的生活。

（引自《怎样教小孩》，1937年，载《陈鹤琴全集》第二卷，第660页）

6

一个小孩子如果要成长得很好，一定要用科学合理的教养方法，举凡起居饮食，出入进退，待人接物，都要有一定的规律，养成优良的习惯，并且要从小训练。

（引自《如何使幼稚生适应新环境》，1951年，载《陈鹤琴全集》第二卷，第451页）

7

未达学龄的时候，从心理上看来，是养成习惯的基本时期，也是树立人格的基础时期，若于此时不加注意，不加良好的教育，听任自流，等他大起来就不容易感受良好的教育了。

（引自《儿童心理之研究》，1925年，载《陈鹤琴全集》第一卷，第372页）

8

从前有一位音乐教师，在招生广告上说："凡没有学过琴的学费每小时一元，学过琴的每小时二元。"有人问他理由何在，他说："没有学过的人，只要从头教起就好，倘若学过的人，还要做一步改换旧习的工作，这更费事，比初教还不容易。"

（引自《幼稚教育》，1926年，载《陈鹤琴全集》第二卷，第015页）

9

教小孩子要从小教起的，小时容易教，大来就难教；什么顾虑别人安宁的心肠，什么对别人发生同情的动作，什么爱护物力的态度等等，都可从小养成的。

（引自《家庭教育》，1925 年，载《陈鹤琴全集》第
二卷，第 616 页）

10

教育的一部分功效是养成几多生活上的习惯。

（引自《一年来南京鼓楼幼稚园试验概况》，1926 年，
载《陈鹤琴全集》第二卷，第 008 页）

11

人类的动作十分之八九是习惯，而这种习惯
又大部分是在幼年养成的；所以幼年时代，应当
特别注重习惯的养成。但是习惯不是一律的，有
好有坏；习惯养得好，终身受其福；习惯养得不
好，则终身受其累……我们应当特别注重儿童所
养成的种种习惯，以期建筑健全人格之巩固基础。

（引自《我们的主张》，1927 年，载《陈鹤琴全集》
第二卷，第 080 页）

12

习惯是"行"，不是知，要养成习惯，非
"实行"不可；"空口说白话"是无补于实际的。

（引自《习惯图表》，1929 年，载《陈鹤琴全集》第
二卷，第 225 页）

13

在我们的时代里，真不知有多少成人，他们
的不良情绪反应，是由于小时经验的结果。所以，

在儿童幼小时来培养其优良习惯，的确是非常重要的。

（引自《儿童心理学》，1952年，载《陈鹤琴全集》第一卷，第444页）

14

小孩子办事的态度必须从小教起，各种优良的习惯养成了，则最后五分钟的努力与勇气，便自然而然地激发起来。

（引自《怎样做父母》，1948年，载《陈鹤琴全集》第二卷，第689页）

15

说谎欺骗是人类通病，不独小孩子才有。但是诚实是一种极美的道德，谎骗是一种卑鄙的行为。我们应当竭力设法铲除谎骗，培养诚实。这就要求我们必须从儿童时代做起。

（引自《儿童心理之研究》，1925年，载《陈鹤琴全集》第一卷，第336页）

游戏的价值

1

儿童智力是在游戏中、作业中、劳动生活中、自然社会中获得基本知识的累积。因此教师们必须设置各种游戏的环境、工作的环境，并组织儿童参加一些力所能及的劳动，随时随地向大自然大社会进攻，追求事物的真理。

（引自《怎样做人民的幼稚园教师》，1950～1951年，载《陈鹤琴全集》第二卷，第439页）

2

我们都知道小孩子是好动的，倘若没有适当的东西可以玩，那就要吵要闹，要做出不正当的事体来，若不吵不闹，那就要萎靡不振，失却最可爱的一种活泼精神了。小孩子若有以上所说的动作机会，一方面可以独自消遣，得到很好的经验；一方面可以不致缠绕别人。于小孩子于父母都有莫大的好处……

（引自《家庭教育》，1925年，载《陈鹤琴全集》第二卷，第588页）

3

幼儿园的主要方法是游戏，从游戏中去促进

儿童的智力、道德、审美和体力的发展。扩大儿童的眼界、判断力、观察力和敏捷性。发展他们集体生活的习惯。

（引自《苏联的幼儿教育》，1950 年，载《陈鹤琴全集》第二卷，第 431 页）

4

游戏是儿童的第二生命，我们可以利用儿童爱好游戏的心理，来转移他的心情，像巴甫洛夫的条件反射一样很快地可以得到效果。

（引自《如何使幼稚生适应新环境》，1951 年，载《陈鹤琴全集》第二卷，第 454 页）

5

游戏可以说是人类的天性，尤其是儿童生活的大部分，对于身体的发育有密切的关系。无论家庭、学校，对于儿童游戏，务需鼓励引导，学校里当然要有充分的游戏设备，家庭也应当量力设置游戏的设备和玩具，庶几儿童多活动的机会，增加运动的兴趣，身体方面，也就可以尽量地发展了。

（引自《儿童教育的根本问题》，1934 年，载《陈鹤琴全集》第二卷，第 646 页）

6

小孩子的知识是由经验得来的。所接触的环境愈广，所得的知识当然愈多。所以我们要使小孩子与环境有充分的接触。这样说来，我们不应把幼稚园的儿童关在游戏室内，使他们与外界和环境不发生直接的接触。

（引自《现今幼稚教育之弊病》，1924年，载《陈鹤琴全集》第二卷，第002页）

7

我们虽然不能事事以真的活的东西来教小孩子，但他小的时候，经验未丰富，想象力薄弱的时候，我们应当先给他看真的和活的东西才好。

（引自《家庭教育》，1925年，载《陈鹤琴全集》第二卷，第531页）

8

凡是儿童，都喜欢户外生活，都喜欢野外生活的。但是看看现今一般的幼稚园，差不多很少注意到这一点。普通的幼稚园总是几间房间，把小孩子关在里面，户外即有宽敞的空地，也不知道充分利用。要晓得空气、日光是生命的根源，运动、游戏是健康的要素。要晓得户外还有美丽的花卉、可爱的禽鸟，小孩子玩赏之余，自然可以发生审美观念、博爱的同情，于小孩子的性情知识都有很大的补助。

（引自《幼稚教育之新趋势》，1927年，载《陈鹤琴全集》第二卷，第099页）

9

我们要指导孩子理解自然界的现象，养成他

科学研究和试验的精神，就要带领孩子到野外去。每天下午到室外游玩半小时，每星期到野外游玩半天，也可以培养小孩子欣赏自然、爱护自然的兴趣和道德，这比终日在室内玩弄玩具要好得多。

（引自《儿童玩具与教育》，1939年，载《陈鹤琴全集》第二卷，第411页）

10

许多的父母教师或者是因为过分疼爱小孩子的关系，不让儿童有适当的游戏场所或者适当的伴侣，他们总喜欢把儿童关在房间中，让他一个人自己孤处。这种办法，在年幼的儿童，当他没有社会活动的必要的时期内，可说是合适的处置，但现在儿童已开始找寻游伴，而且，在许多活动方面，都开始扩展其范围，如果你还是把他关在冷静狭隘的房间中，不但无益，反而会限制儿童正常的发展。

（引自《儿童心理学》，1952年，载《陈鹤琴全集》第一卷，第489页）

11

可是，我们家庭里的父母，往往禁止儿童玩耍。冬天里逼迫儿童穿长衫，限制他们的动作，到了下雪的时候恐怕他们把身体冻坏，衣服弄污，加倍地不让他们出门一步，好像监禁囚犯一样。夏天的时候，又恐怕儿童淹死，禁止他们去泅游，其他种种游戏的事情都是用限制的手段，使他们不能充分地运动。总而言之，我们做父母的没有给我们的小孩子充分的运动机会，以发展身体、智力和德性。

（引自《儿童心理之研究》，1925年，载《陈鹤琴全集》第一卷，第174页）

12

总之，我们要小孩子不论大的小的，能够自动，能够思想，能够独立，我们必须要给他适当的玩具教具，充分的工具设备。

（引自《怎样做父母》，1947年，载《陈鹤琴全集》第二卷，第678页）

13

给儿童充分的娱乐和游戏。娱乐和游戏对于儿童身心的发展是有重大的意义的。它可以给儿童丰富的经验，它也可以给儿童学习怎样控制情绪和怎样与人相处，还可以发展身体的技能，启发儿童的智力。

（引自《怎样做人民的幼稚园教师》，1950～1951年，载《陈鹤琴全集》第二卷，第438页）

14

锻炼儿童的体格以适应环境。苏联的儿童对于体格的锻炼是非常注重的。如冷水浴是常常进行的。经过这样的锻炼，他们才能在冰天雪地的土地上生活着，适应他们寒冷的环境。我们往往不知道如何锻炼，一味地防护，把儿童养得太娇嫩，是应该改变的。

（引自《怎样做人民的幼稚园教师》，1950~1951年，载《陈鹤琴全集》第二卷，第438页）

15

究竟"玩"对小孩子有什么好处呢？

一、可以发展儿童的想象力。

二、可以丰富儿童的科学知识。

三、可以增加儿童的兴趣。

四、可以（与其他小朋友一起玩的时候）培养儿童做人的高贵品质。什么合作、诚实、勇敢等品质，也可以在"玩"中学到的。

（引自《教孩子们玩什么》，1951年，载《陈鹤琴全集》第三卷，第001页）

16

游戏亦能发展智力。如判断力、知觉力、观察力、想象力、创作心、冒险心，皆能从游戏中渐渐养成的……假使我们要发展儿童活泼的精神，非介绍适当的游戏不可。

（引自《儿童心理之研究》，1925年，载《陈鹤琴全集》第一卷，第152页）

17

儿童以游戏为生活的：儿童生来好玩。外界的刺激与内部的冲动，都能引起他的动作。除了睡眠和疾病之外，无时不动作的……所以我们应当给儿童充分的机会，使他得到完美游戏的生活。

（引自《儿童心理之研究》，1925年，载《陈鹤琴全集》第一卷，第172页）

18

适当的游戏：儿童既然以游戏为生活，我们应当依儿童的年龄，给以各种游戏的工具，使他有适当的游戏。

（引自《儿童心理之研究》，1925年，载《陈鹤琴全集》第一卷，第172页）

19

儿童喜欢团体的游戏：两三岁以内的儿童，固然能独自游玩的，但也很喜欢与人共玩。独自游戏固然可以发展个性，但关于儿童的社会生活与社会道德的发展，小团体的游戏是不可缺少的。

（引自《儿童心理之研究》，1925年，载《陈鹤琴全集》第一卷，第172页）

20

儿童当与动物做伴侣：狗、猫、兔子，种种动物，是儿童很好的玩物，也是儿童很好的伴侣。儿童有了这种伴侣，一方面可以发展他的同情心，一方面可以学得动物的性情，并且可以使他不致寂寞。不过动物必须清洁、驯服，最好是从小豢养的。

（引自《儿童心理之研究》，1925 年，载《陈鹤琴全集》第一卷，第 172 页）

21

游戏最好有音乐为之鼓兴：节奏动作，儿童非常喜欢的。音乐是有节奏的，儿童素来喜欢听的。假使把儿童的游戏同音乐结合起来，儿童的兴趣一定格外浓厚。

（引自《儿童心理之研究》，1925 年，载《陈鹤琴全集》第一卷，第 172 页）

22

父母当做儿童的游戏伴侣：做父母的应当忘记年龄，来和儿童游戏，做他的伴侣。这样一方面儿童对于父母的感情可以格外浓厚，一方面父母对于儿童的性情、习惯、能力等等，亦可以格外明了。

（引自《儿童心理之研究》，1925 年，载《陈鹤琴全集》第一卷，第 172 页）

23

游戏性的教育：儿童既喜欢游戏，我们就可以利用游戏来支配他的动作，来养成他的习惯。

（引自《儿童心理之研究》，1925 年，载《陈鹤琴全集》第一卷，第 172 页）

24

小孩子是喜欢游戏的，我们就可以利用他的

游戏心理去教育他……我们必须使小孩子对所学的东西发生乐感才好。

（引自《家庭教育》，1925 年，载《陈鹤琴全集》第二卷，第 531~532 页）

25

好动是经验的原动力，是知识的发动机，我们要让小孩子去运用双手，睁开眼睛，张开耳朵，与大自然、大社会发生接触，获得具体的经验。

（引自《怎样做父母》，1947 年，载《陈鹤琴全集》第二卷，第 674 页）

26

各种高尚道德，几乎多可从游戏中得来。什么自治、什么克己、什么诚实、什么独立、什么共同作业、什么理性的服从，这种种美德之养成，没有再比游戏这个利器来得快，来得切实。至于公平、信实、尊敬他人的权利、勉尽个人的义务，种种懿行，实为游戏之附属产品。

（引自《儿童心理及教育儿童之方法》，1921 年，载《陈鹤琴全集》第一卷，第 005 页）

玩具的教育作用

1

玩具从性质上看来有两种：一种是活的，一种是死的；玩具的目的不仅娱乐儿童之身心，也要使他因此得着自动；凡玩具儿童能自做的当鼓励自做；玩具不宜太多，只要少数精巧的是了；玩具必须叫儿童善为保存。

（引自《儿童心理之研究》，1925 年，载《陈鹤琴全集》第一卷，第 176~177 页）

2

有刺激然后有反应，希望教育改良，改良设备也是重要条件之一。

（引自《一年来南京鼓楼幼稚园试验概况》，1926 年，载《陈鹤琴全集》第二卷，第 009 页）

3

我们对设备的意见，并不主张从大商店买几多耀目的外国货来放在玻璃里。我们至少有以下几个目标。

1. 省钱的；2. 与当地社会情形相近似的；3. 用本国货；4. 合于儿童心理；5. 合于教育原理。

（引自《一年来南京鼓楼幼稚园试验概况》，1926 年，载《陈鹤琴全集》第二卷，第 009~010 页）

4

好的玩具，要能启发小孩子的思想。比如海军棋、陆军棋、象棋和拼图等，能启发小孩子的思想。小孩子下棋，一定要细心地想想怎样走动才可以达到目的地？怎样走动才可以避免对方的攻击？处处要运用思想，才能克服对方。小孩子拼图，如彩色拼图、故事拼图、纸板拼图、七巧板等，玩弄时也要运用思想，才可以拼得起来。如拼一个动物或一个人物，一定要选择适宜的木片，放在适当的地方，才可以拼得像。下棋和拼图，变化很多，因为多变化，容易启发小孩子的思想，所以也是好的玩具。

（引自《儿童玩具与教育》，1939 年，载《陈鹤琴全集》第二卷，第 409 页）

5

我们的儿童教育是体、德、智、美全面发展的教育。全面发展是要从小培养的，因此在玩具教育中的美育占着相当重要的地位。玩具必须有助于儿童养成审美观念。

（引自《玩具在幼儿教育中的重要地位》，1953 年，载《陈鹤琴全集》第二卷，第 484 页）

6

通过玩具，要培养儿童爱国家、爱集体、爱

劳动，诚实、勇敢等良好的品德，发展儿童的智力和体力，使他们长大后有健全的思想、有用的本领和健康的体魄。

（引自《玩具在幼儿教育中的重要地位》，1953年，载《陈鹤琴全集》第二卷，第483~484页）

7

给不同年龄的儿童各种玩具和游戏器具。玩具和游戏器具对于幼儿的重要，正和大、中、小学学生有教科书一样。随着儿童的身心发展，各时期儿童对于玩具和游戏器具有不同的爱好。因此，玩具和游戏器具的设置，要随着儿童年龄大小和爱好而分别配备，才能助长儿童身心各方面的正常发展。

（引自《怎样做人民的幼稚园教师》，1950~1951年，载《陈鹤琴全集》第二卷，第438页）

8

我在这项工作中，一方面根据幼儿生理、心理特点和教学原则的需要；另一方面，注意向民间学习，吸收优秀传统（如捏面人、木偶戏等），利用改造各种旧玩具，就地取材，应用简易。

（引自《切实开展对幼儿教育的科学实验》，1979年，载《陈鹤琴全集》第二卷，第505~508页）

9

总而言之，玩物不是给小孩子看看的，乃是

要给他玩的；若是玩物不是可玩的，乃这个东西就不是玩物；若玩物可以激起小孩子的动作的，乃这个玩物就有价值了。所以我们可以说，玩物的作用，不仅博得小孩子的欢心，也要使他发生许多动作，丰富他的经验，发展他的个性。

（引自《家庭教育》，1925 年，载《陈鹤琴全集》第二卷，第 578 页）

10

好的玩具具备下列条件：

一、小孩子可以玩的，不是看看的，像无锡泥人只可摆在桌上看而不能玩，布制的小娃娃当然比泥人好玩。

二、小孩子玩得不生厌。这些玩具是多变化的，如积木、竹圈等。

三、小孩子要用思想、辨别力、认识力才能玩得起来。

（引自《教孩子们玩什么》，1951 年，载《陈鹤琴全集》第三卷，第 001~002 页）

11

设备就是工具，设备完美，教学方便；设备简陋，教学艰难。

（引自《〈国民学校设备丛书〉卷头语》，1943 年，载《陈鹤琴全集》第四卷，第 257 页）

12

社会化的运动器具比团体化的运动器具要好。

"社会化"这三个字，是有组织的意思，是有合作的意思。这种运动器具是最有价值的。价值究竟在哪里呢？

一是训练儿童怎样合作；二是培养儿童怎样组织；三是增进儿童身心的快乐。

（引自《怎样锻炼小孩子》，1951年，载《陈鹤琴全集》第三卷，第035页）

13

好的玩具是适合儿童心理的。儿童六七个月的时候，看见一种玩具在他的面前，没有不用手来拿的；如果不用手来拿，这种儿童，绝对不是普通的，因为儿童的天性本来好动，所以我们给他种种好的玩物，教儿童实地去练习，使他们的视觉、听觉、嗅觉、味觉、触觉，种种的机能以及智力和身体得有发展之机会。

（引自《儿童心理之研究》，1925年，载《陈鹤琴全集》第一卷，第174页）

第三编

幼稚园教育

为什么要办幼稚园

1

我们办幼稚园究竟为什么？我们教育儿童究竟要教养到什么地步？什么技能什么习惯儿童应该养成的？什么知识什么做人态度儿童应该学得的？以上这几种问题，办幼稚园的大概都没有想过，或想过而不去研究的。结果这些办幼稚园的，天天虽忙忙碌碌，到底没有什么成效，而儿童也没有什么进步。

（引自《现今幼稚教育之弊病》，1924 年，载《陈鹤琴全集》第二卷，第 003 页）

2

若问，幼稚教育的目的怎样呢？据我看来，至少有四大目的：1. 做怎样的人；2. 应该有怎样的身体；3. 应该怎样开发儿童的智力；4. 怎样培养情绪。

（引自《幼稚教育》，1926 年，载《陈鹤琴全集》第二卷，第 016~019 页）

3

儿童在家里所接触的人不多，有许多家庭因为过分宠爱，孩子到了七八岁还是唯我独尊，毫不知做人的道德。要培养德性，非把儿童放在人群中不可。幼稚园虽然不是大的人群，但是，对四五岁的儿童来说，确是一个适宜的人群了，可以在这个人群中养成许多人类社会的德性。

（引自《幼稚教育》，1926年，载《陈鹤琴全集》第二卷，第014页）

4

儿童之需要甚多，总结起来是"发展个性"。个性如何能发展呢？是否独往独来可以尽量发展呢？是否年岁长大起来自然就可以逐渐发展，无需藉外力之启发呢？我们知道像鲁滨逊的孤居荒岛个性必难得到充分发展的。

（引自《幼稚教育》，1926年，载《陈鹤琴全集》第二卷，第013~014页）

5

儿童适应环境能力的强弱，与年龄有很大关系，与身体也有关系。身体强健的小孩子，他很快就会在幼稚园里跟其他的小孩子玩各种游戏器具，做各种工作；如果身体不好，他要在新的环境里面很活跃地做各种工作，玩各种玩具，是比较困难的。因此，对于一个初来幼稚园的小孩，找寻他发生问题的原因，也可以从他的身体健康上面去找解答。

（引自《如何使幼稚生适应新环境》，1951年，载《陈鹤琴全集》第二卷，第452页）

6

幼稚教育，原属父母的责任，从前是没有另立学校去教育那些幼儿的；就是现在有幼稚园了，那它究竟不能代替父母；没有家庭的合作，也决不能教育得有十分实效。这不但因为儿童与父母相亲的爱力深，相处的时间长，他们对于儿童的影响从而也较大，往往儿童在学校得到一些好处，抵挡不住家庭环境的坏处；而且在现今中国的家庭，似更有联络的必要。

（引自《〈幼稚教育〉发刊词》，1927 年，载《陈鹤琴全集》第二卷，第 073 页）

7

家庭教育与幼稚园教育显然是不相同的。家庭教育是单独地进行使儿童得到教养，而幼稚园的教育是使儿童在集体的教育下得到发展，如果家庭教育与幼稚园教育差别大，小孩子所发生的矛盾也大。反之，差别小，小孩子所产生的矛盾也小。

（引自《如何使幼稚生适应新环境》，1951 年，载《陈鹤琴全集》第二卷，第 450 页）

8

小孩子在家里，生活大都没有规律，想睡就睡，想吃就吃，没有时间，也没有一定的规则。可是幼稚园里面的生活规律，是严格执行的，应该睡的时候一定要睡，应该吃饭的时候一定要吃饭，其他如大小便、工作、游戏，都有一定的时候，这是家庭教育与幼稚园教育不同之处。

（引自《如何使幼稚生适应新环境》，1951年，载《陈鹤琴全集》第二卷，第451页）

9

我们中国的幼稚园大抵是抄袭外人的，而外人的幼稚园已时有改进，但我们还是墨守成规，不知改良，以致陈旧腐败不堪闻问了。

（引自《现今幼稚教育之弊病》，1924年，载《陈鹤琴全集》第二卷，第001页）

10

小孩子玩，要有伴侣一同玩，要同别的小孩子对话，不但如此，小孩子间可以互相刺激，互相学习。你担心把小孩子送出家庭就会沾染许多坏的习气，不如留在家里，同其他孩子隔离。……我们要让孩子在群众中、在集体中成长起来，培养他们好的思想品德。不要把他们留在家里，应当把他们送到幼稚园去。

（引自《小孩子应当在群众中、在集体中成长起来》，1950年，载《陈鹤琴全集》第四卷，第355页）

11

福氏认为，儿童好像花木，学校是他们的园地，而教师便是园丁，所以那学校便称为"幼稚园"。这名称的由来是如此的。

（引自《中国儿童教育之路》，1947 年，载《陈鹤琴全集》第四卷，第 313 页）

12

对于第一个阶段的儿童，我们应注意他们的营养、卫生习惯、身体发育；对于第二个阶段的儿童，我们应当培养他们的基本动作，发展他们的语言技能；对于第三个阶段的儿童，我们应当培养他们的合作精神，发展他们的社交知识。幼稚园包括了这三个阶段，就成了一个有系统的组织，可以和小学教育紧紧衔接起来了。

（引自《中国儿童教育之路》，1947 年，载《陈鹤琴全集》第四卷，第 313 页）

13

我们虽然不敢希望凡是幼稚生都像小学生那样受教，但是据各方面经验看来，幼稚教育至少可以帮助学习小学一年或二年课程的一部分，如自然、语言、图画、常识等，在幼稚园里都可以教的。

（引自《幼稚教育》，1926 年，载《陈鹤琴全集》第二卷，第 014 页）

怎样办幼稚园

1

我们的主张：

一、幼稚园是要适应国情的。

二、儿童教育是幼稚园与家庭共同的责任。

三、凡儿童能够学的而又应当学的，我们都应该教他。

四、幼稚园的课程可以用自然、社会为中心。

五、幼稚园的课程需预先拟定，但临时得以变更。

六、我们主张幼稚园第一要注意的是儿童的健康。

七、我们主张幼稚园要使儿童养成良好的习惯。

八、我们主张幼稚园应当特别注重音乐。

九、我们主张幼稚园应当有充分而适当的设备。

十、我们主张幼稚园应当采用游戏式的教学法去教导儿童。

十一、我们主张幼稚生的户外生活要多。

十二、我们主张幼稚园多采用小团体的教学法。

十三、我们主张幼稚园的教师应当是儿童的朋友。

十四、我们主张幼稚园的教师应当有充分的训练。

十五、我们主张幼稚园应当有种种标准可以随时考查儿童的成绩。

（引自《我们的主张》，1927年，载《陈鹤琴全集》第二卷，第075~084页）

2

要知道强国，必先强种，强种先强身，要强身先要注意幼年的儿童。儿童的身体不强健，到了成年，也不会强健。所以，幼稚园首先应当注重儿童的身体。

（引自《我们的主张》，1927年，载《陈鹤琴全集》第二卷，第079页）

3

近年来，发生一种新趋势。这种新趋势，一方面解放旧式幼稚园的束缚，一方面矫正儿童院的放任。这种趋势就是"自由工作"。在这种自由工作制度之下，小孩子得以自由工作，得以自由集合，得以自由合作。但教师必须从旁指导，不让小孩子瞎做瞎弄。妨碍他人的工作，消磨自己的光阴，以养成各种叫嚣的坏习惯。

（引自《幼稚教育之新趋势》，1927年，载《陈鹤琴全集》第二卷，第099页）

4

照原理来讲，幼稚园的教法应当完全适应个别儿童的兴趣与能力的，从前的教法，大概太呆板，整天把小孩子关在一间教室里，很少与自然界相接触。

（引自《四年来之中国幼稚教育》，1931 年，载《陈鹤琴全集》第二卷，第 234 页）

5

在发展儿童的知识与技能的时候，必须广泛地研究大自然中的各种现象，并且必须和儿童的本身生活联系起来。

（引自《夸美纽斯的教育理论》，载《陈鹤琴全集》第五卷，第 266 页）

6

现在一般普通幼稚园的教法，还是一种班级制（团体式）的教法，还不能适应儿童的个别需要与兴趣，照例个别儿童或两三个儿童随意做一种工作，这种工作可以自动地去做，或者由教师暗示，或者由他们自己想出，教师只要在旁边辅导，这种自由的个别教学法虽有人提倡，而采用的人还是很少。

（引自《四年来之中国幼稚教育》，1931 年，载《陈鹤琴全集》第二卷，第 235 页）

7

现在幼稚生对于文字学习，往往只用到耳、眼、口三种过程，对于用手学习的那种过程反因小孩子的能力薄弱不去应用，结果小孩子有许多意思只能说出来，而不能用文字发表出来，这是很可惜的一桩事。

（引自《四年来之中国幼稚教育》，1931 年，载《陈鹤琴全集》第二卷，第 237 页）

幼稚园课程原则

1

我们怎样组织课程呢？简单地说一句："要有目标，又要合于生活"。每学期应该有一个总设计，以决定本学期应该注重的目标。每星期又有一个预定的课程表，拟定一星期里教导的中心。但是此项课程预定表，并不是固定的、不能变换的，儿童或社会上发生临时的事情，教师就可以采为课程内容，可以把一切预先所定的暂时搁起，重新再来做一番筹备的工作。倘若新发生的事情与预定的有些相像，那就要把它容纳进去。

（引自《幼稚教育》，1926 年，载《陈鹤琴全集》第二卷，第 029 页）

2

幼稚园课程的原则：1. 课程的目的最重要的是帮助儿童目前生活，至于将来生活的帮助还在其次；2. 所有的课程都要从人生实际生活与经验里选出来；3. 富于弹性的课程，可以适应个别不同的兴趣与能力的儿童；4. 所有的课程允许重编；5. 非但要适应儿童目前的需要，尤其应该适应其他的新需要。

（引自《幼稚教育》，1926 年，载《陈鹤琴全集》第二卷，第 027 页）

3

编制课程时，对于事物的研讨要有系统，注意事物发展的规律，以及事物与事物之间的联系，不能将一件一件的事物孤立起来，使儿童对事物的发展得不到一个整个的概念。

（引自《幼稚园的课程》，1951 年，载《陈鹤琴全集》第二卷，第 457 页）

4

幼稚生年龄很小，对于课程的编制，要顾到儿童心理发展与能力，不要根据成人的经验，而编制一些生硬、枯燥、高深的材料让儿童茫然不知所以地得到一些糊涂、杂乱无章的知识。

（引自《幼儿园的课程》，1951 年，载《陈鹤琴全集》第二卷，第 456~457 页）

5

编制教学大纲，不能凭主观地、脱离实际地凭空臆造一套教学大纲和计划，而是要通过扎扎实实的科学实验而产生。

（引自《怎样试验幼稚园课程》），1951 年，载《陈鹤琴全集》第二卷，第 464 页）

6

寻常学习文字，必须经过四种过程。

1. 耳朵能够听得懂。
2. 嘴巴能够说得出。
3. 眼睛能够认得出。
4. 手能够写得出。

……

对于年幼的儿童，这四种过程是从学习的难易一方面说的，用耳朵学习比较容易，其次要算口的学习，又其次要算用眼睛来学习，最难当然要算用手来学习了。从兴趣一方面讲，用手来学习，要算第一；其次要用眼睛，再其次用耳用嘴。

现在幼稚生、低年级生对于文字学习，往往只用到耳、眼、口三种过程。对于用手学习的那种过程，小孩子因为能力薄弱不能应用。结果小孩子有许多意思只能说出来，而不能用文字发表出来。

（引自《介绍一种幼稚园与低年级的教具》，1931年，载《陈鹤琴全集》第二卷，第228页）

7

幼稚园里整天的活动，有的已经编排了一张详尽的日程表，年年如是，日日如此，一成不变地照着做各项活动；有的却编排在教师的心里，漫无中心地，每天大概做那几项活动。然而，这问题到底应该怎样解答呢？这是应该提出来讨论的。如果教师要注意到儿童心身的发展，而给予适当的活动，似乎一张日课表是必须要的。不过，这一张日课表应该是活生生的。

（引自《怎样编排幼稚园的日课表》，1948 年，载《陈鹤琴全集》第二卷，第 427 页）

8

我为什么要根据五指活动而编排呢？因为五指活动包含了各种课程，和儿童生活打成一片，也可以说是儿童的生活课程。再说"五指活动"这几个字，我们顾名思义也可以理解到，犹如人的五指，它是一个整体，互相联系，而且是帮助我们发抒知、情、意的一个工具。而幼稚园的课程，其目的也就在发展幼稚生的心智和身体。所以我们用五指活动来昭示幼稚园课程的整个性和连贯性，而培养儿童健全的生活为最高理想，下面是五指活动的名称，以及它所包括幼稚园的各项活动。

（1）儿童健康活动：包括游戏、早操、户外活动、整洁与健康检查、午睡、餐点、静息等。

（2）儿童社会活动：包括升旗、早会、社会研究、再会的活动等。

（3）儿童科学活动：包括自然研究、种植、饲养、填气候图等。

（4）儿童艺术活动：包括唱歌、律动、表演、布置、工作、记日记图、玩乐器等。

（5）儿童语文活动：包括故事、读法、歌谣、谜语、看图画书等。

（引自《怎样编排幼稚园的日课表》，1948 年，载《陈鹤琴全集》第二卷，第 427 页）

9

儿童的兴趣，是由于环境的刺激而产生的，譬如研究"端午节"这一个单元，到节后的第一天，在早会时间，儿童一定有说不完的话，一个接一个，重复又重复，大家争着要述说过节的情形。在这种情形之下，早会的时间，应该依儿童的兴趣，略予延长，决不可拘泥于十分钟、一刻钟的早会时间而减少儿童的兴趣。再如研究"蚊蝇"这一个单元，在工作的时候，儿童一定很起劲地做苍蝇拍，那么工作的时间也可以延长。所以我根据这一原则，只编排活动项目，而没有固定时间的限制。

（引自《怎样编排幼稚园的日课表》，1948 年，载《陈鹤琴全集》第二卷，第 427~428 页）

10

要养成儿童说话的技能。如日常生活中偶发事件的报告，家庭生活的报导，讲故事，唱儿歌等，都是养成儿童说话技能的机会。在幼稚园里要多多给予儿童以机会，并帮助儿童组织自己的思想，使儿童能够用清晰的语言，正确地表达自己的情感和思想。

（引自《幼稚园的课程》，1951 年，载《陈鹤琴全集》第二卷，第 457 页）

11

儿童教儿童，意思就是以儿童来教育儿童，

以儿童来指导儿童。陶行知先生所提出的"小先生"制，就是以儿童教育儿童为原则的。

（引自《活教育的教学原则》，1948年，载《陈鹤琴全集》第五卷，第098页）

12

儿童为了要教，事先就得充分准备；在教过以后，他对于所教的内容，认识必然更加清楚。所以，儿童教儿童，不但是被教者得益，即使教者本身，亦得到很大的益处。这种得益，不仅是在教材以内的知识范围而已，儿童且获得发展创造才能的机会。

（引自《活教育的教学原则》，1948年，载《陈鹤琴全集》第五卷，第099页）

13

观察的教学，不仅能促进教学兴趣，而且儿童的人生态度，亦将因此而得到健全的发展。观察所依据的是客观事实，失去事实的支持，则附会造作都将产生。儿童养成观察习惯之后，一种尊重事实，求真求实的态度，很自然地会建立起来。

（引自《活教育的教学原则》，1948年，载《陈鹤琴全集》第五卷，第101~102页）

14

探险家是凭着精密的观察，在自己生活的世

界以外，发现新的世界的。科学家也是凭着精密的观察，在自己生活的周围，发现新的事物。无论是探险家或科学家，都是运用观察方法的能手，他们都凭借精密观察之力，来拓展新的世界！因此，在我们教学的过程中，如果也能采用观察的方法，一方面通过实地观察来施行教学；另一方面通过实际研究来培养儿童善用观察的学习态度；则教学的效果，必将因此而有所增进。

（引自《活教育的教学原则》，1948年，载《陈鹤琴全集》第五卷，第100页）

15

母语学校除了培养儿童正确地使用本族语说话的技术外，还应打下发展思想的基础。

（引自《夸美纽斯的教育理论》，载《陈鹤琴全集》第五卷，第267页）

16

幼稚教育之原则：一、丰富儿童的经验；二、有用的动作；三、完美的环境；四、检查体格及智力；五、与家庭合作；六、游戏化的教学法；七、暗示性的教学法；八、精密的辅导；九、充分的预备；十、美术思想；十一、医药常识；十二、和蔼可亲；十三、公允的态度。

（引自《幼稚教育》，1926年，载《陈鹤琴全集》第二卷，第020~026页）

17

幼稚园里有公民训练一种课程，就是培养将来做公民的基础，因此可以养成种种合作的精神，爱护团体、爱护国家的精神。同时又可以培养公民应有的知识与技能，砌成一个稳固的公民基础。

（引自《幼稚教育》，1926年，载《陈鹤琴全集》第二卷，第015页）

18

自然科在幼稚园中是很难教的但又是很有趣味的课程。大家认为旅行去是教自然的重要方法，并且在野外的次数每星期至少有四次。但是这件工作如做得不好会变成走马看花，眼前万象毕现，结果丝毫无得，这确是一件大缺憾。因此，我们设法使儿童有普遍的注意，有特殊的注意。

（引自《一年来南京鼓楼幼稚园试验概况》，1926年，载《陈鹤琴全集》第二卷，第007页）

幼稚园教学法

1

　　整个教学法就是把儿童所应该学的东西整个地、有系统地去教儿童学。这种教学法是把各科功课打成一片，所学的功课是无规定时间学的；所用的教材是以故事或社会或自然为中心的，或是做出发点的；但是所用的故事或关于社会自然的材料，总以儿童的生活、儿童的心理为根据的；这种教材最好一个教师教，一个教师不能教，二三个教师也可，不过时间稍难支配罢了。

　　（引自《整个教学法》，1928 年，载《陈鹤琴全集》第二卷，第 165 页）

2

　　幼稚园的教学是全面性的，包括智育、德育、体育、美育四方面的，而这四方面的教育，是要在儿童整个生活上和每一件细小的事情中进行的。

　　（引自《如何利用故事教学对幼稚生进行爱国主义教育》，1951 年，载《陈鹤琴全集》第二卷，第 481 页）

3

　　大家都知道，儿童好奇好模仿，富于想象，

不过儿童没有分辨是非善恶的能力，而想象力也不一定正确合理。因此，我们可以利用有组织、有条理、有教育意义的故事，使儿童学习正确的语言，模仿善良的行为，帮助儿童判别善恶是非，并启发儿童合理地运用思想，扩充儿童的知识，以培养儿童对宇宙间的事物进行钻研。

（引自《如何利用故事教学对幼稚生进行爱国主义教育》，1951 年，载《陈鹤琴全集》第二卷，第 479 页）

4

小孩子对于算学观念，还没有充分地发达，不应预先灌输给他，反使发生厌倦，所以当初学的时候，应当用游戏的方法，使他发生兴趣。

（引自《四年之中国幼稚教育》，1931 年，载《陈鹤琴全集》第二卷，第 236 页）

5

引起儿童学习动机的方法虽然很多，但利用故事的教法，确是容易收效的。教法故事化的目的，就在于引起儿童学习的兴趣，使他们注意力集中起来，快快活活地来做自己的工作。

（引自《活教育的教学原则》，1948 年，载《陈鹤琴全集》第五卷，第 096 页）

6

童谣，世界各国都有，儿童很喜欢念，不满一岁半的小孩子虽不能说话，却能欣赏。我们做父母的可以选择一些最简单的童谣经常说给他们听。至于半岁以上的孩子，我们可以教他背诵各种适当的歌谣，借以教授优良的语言和培养良好的品德。

（引自《年老公公》，1927 年，载《陈鹤琴全集》第三卷，第 650 页）

7

鸟言兽语的读物与吃奶是有些相仿的。年幼的小孩子很喜欢听鸟言兽语的故事，恐怕在那时候只有讲那些故事给他听，好比一岁的小孩子只有奶是他惟一的营养料，到了大了以后，奶应当少吃而鸟言兽语的读物也应当少讲，多给他看些旁的读物。

（引自《"鸟言兽语的读物"应当打破吗》，1931 年，载《陈鹤琴全集》第四卷第 101 页）

8

现在在我国，学龄儿童读物，还是那种鸟言兽语以及各种神怪的故事，好像学龄的孩子还是要一天到晚吃奶的样子，请教小孩子怎样会强健呢？我们应当竭力地多编各种科学家故事，来丰富他的经验，来引起他的兴趣。

（引自《"鸟言兽语的读物"应当打破吗》，1931 年，载《陈鹤琴全集》第四卷第 101 页）

9

读法和语言差不了多少，没有一个孩子不喜

欢听歌谣、唱歌谣的，也没有一个儿童不愿意学话的。学话和听话都是听觉和发音器官的动作，读法加上一个视觉作用，在这里似乎更加难了。其实在实际上讲了猫的故事以后，给他看一个"猫"字，一张猫的图画，小孩子不但对于这个故事的兴趣格外好，而且对于这个故事的情节记得格外牢，对于这个故事的印象格外深。

（引自《幼稚园的读法》，1928年，载《陈鹤琴全集》第二卷，第175页）

10

故事教学，一方面可以指导儿童的思想，启发儿童的智慧；另一方面，也可以陶冶儿童的性情，培养儿童的情感。

（引自《如何利用故事教学对幼稚生进行爱国主义教育》，1951年，载《陈鹤琴全集》第二卷，第479页）

11

就日常生活的观察、学校教学的体验，我们可以发现，没有一个儿童不喜欢看故事、听故事和讲故事的。儿童爱好故事的倾向，绝非偶然。一方面，儿童本身具有这种倾向的动力；另一方面，故事的形式与内容，对儿童心理的适应上，也有巨大的作用。

（引自《活教育的教学原则》，1948年，载《陈鹤琴全集》第五卷，第094页）

12

儿童对于组织完整，意义联贯的事物，容易学习，容易了解。而对于那些零星破碎、漫无组织、孤立片断的事物，不易学习，不易了解。凡愈容易了解的，儿童愈喜欢去学。换言之，就是组织完整，意义联贯的事物，儿童便喜欢它。故事的组织，正合于这个要求。因此，每个儿童总喜欢故事。同时，故事的描述是活动的、常变的，它每以儿童年龄的差异来变更它的内容与组织，使它更适合于每个儿童的情感。

（引自《活教育的教学原则》，1948年，载《陈鹤琴全集》第五卷，第095页）

13

谈到教学方法的问题，我们现在提出下列几点，以供大家参考。

1. 掌握儿童四周环境中的事物。
2. 多多利用工具进行故事教学。
3. 常常化装表演故事。

（引自《如何利用故事教学对幼稚生进行爱国主义教育》，1951年，载《陈鹤琴全集》第二卷，第481～482页）

14

一个幼稚园里，有了一位或两位能说能讲故事的老师，真可以使儿童变成故事迷，可以使全园的空气愉快活泼：时而唱，时而笑，时而跳，是何等可爱的孩子群呀！这时候全园的生趣，教师的快乐，儿童的努力学习，真是达到顶峰了。

（引自《幼稚园的读法》，1928年，载《陈鹤琴全集》第二卷，第189~190页）

15

讲故事的人应注意的几点。

1. 要精神同化。
2. 要彻底了解（故事的内容）。
3. 要有感到十分兴趣的态度。
4. 要有自然的姿势与动作。
5. 要有适当的言语和音调。

（引自《幼稚园的读法》，1928年，载《陈鹤琴全集》第二卷，第190~191页）

16

现在我们再来谈谈改编故事的几个要点。

1. 合于儿童经验的。
2. 富于动作的。
3. 适合儿童年龄的。
4. 适合儿童口吻。
5. 含有积极的，结果是圆满的。

（引自《如何利用故事教学对幼稚生进行爱国主义教育》，1951年，载《陈鹤琴全集》第二卷，第480~481页）

17

没有一个儿童不爱好玩具，也没有一个儿童不想独占玩具的。所以，教师一定要分配玩具，将玩具交给某班儿童或某几个儿童，以便培养儿童的责任感，并可训练儿童如何爱护公共财物。在玩的时候还要指导儿童如何互相谦让，如何合作互助。

（引自《怎样做人民的幼稚园教师》，1950～1951年，载《陈鹤琴全集》第二卷，第439页）

18

一班几十个儿童，他们的生活经验、个性、兴趣以及学习能力，大都不相同，做教师的一定要依照着儿童的经验、个性、兴趣以及学习能力为他选择适当的学习材料，这样才能使教学活动收到相当的效果。

（引自《怎样做人民的幼稚园教师》，1950～1951年，载《陈鹤琴全集》第二卷，第441页）

19

语言文字是发展儿童思维的重要工具，为了满足儿童求知的需要，为了发展儿童的思维，我国幼儿园必须对大班儿童进行识字教育。

（引自《幼儿园应该进行识字教育吗》，1956年，载《陈鹤琴全集》第二卷，第486页）

20

在今天来说，识字是儿童能够做的，识字是儿童所迫切要求的。对幼儿园的大班儿童可以开始进行识字教育了。

（引自《幼儿园应该进行识字教育吗》，1956年，载《陈鹤琴全集》第二卷，第487页）

21

根据我创办鼓楼幼儿园的一二十年的经验，五六岁的儿童对掌握100个左右汉字是没有什么问题的，那时满6足岁"毕业"的幼儿生，就能进小学一年级，而且往往能插入二年级，他们的脑子并没有因认识百把个汉字而受到损害，他们的身体也没有受到什么影响。这里，必须指出，"鼓楼"所用的教学方法主要是通过游戏、诗歌、谜语、故事画，结合实地参观访问，教儿童编写日记而进行的。

（引自《幼儿园进行汉语拼音和注音识字教学问题》，1964年，载《陈鹤琴全集》第二卷，第489页）

22

我要着重指出的，就是幼儿是学话的最好时间，幼儿园是推广普通话的重要阵地。无数经验证明，一个四五岁的儿童能在半年之内学会一地方言或一国语言。我有一个友人，他的孙女出生在上海，5岁时随着父母到了北京，进了幼儿园，半年之后，她能说一口北京话，能纠正父母的"上海官话"。所以，幼儿园可以成为推广普通话的阵地。

（引自《幼儿园进行汉语拼音和注音识字教学问题》，1964年，载《陈鹤琴全集》第二卷，第490页）

23

儿童掌握了汉语拼音，好像掌握了走路的拐棍，识字就容易得多了，所以，我认为幼儿园对儿童进行汉语拼音教育和进行百把个汉字的教学是可能的，也是必要的。

（引自《幼儿园进行汉语拼音和注音识字教学问题》，1964年，载《陈鹤琴全集》第二卷，第490页）

24

幼稚园所用的读法教学方法、材料和教具，都要适应儿童的需要，使儿童得到相当快乐，使儿童不感到读书是痛苦的。

（引自《幼稚园的读法》，1928年，载《陈鹤琴全集》第二卷，第176页）

25

教科书可以教的，不过《幼稚识字》《幼稚读本》等书，只有名字又都是单字，不能教的。不如采用《好朋友图画故事》《儿童文学读本》《国语教科书》等。不过要注意儿童的兴趣，儿童的需要，切不可犯时下小学国语科的弊病，逐日逐课的教下去。尤其要留意朗读的腔调，不可如小学，唱戏不像唱戏的怪腔调。必须一句一句地读，如对话，如说故事。至于诗歌则需不失原意、原调，如唱歌，如唱曲。

（引自《幼稚园的读法》，1928 年，载《陈鹤琴全集》第二卷，第182~183 页）

26

谈到读法，就会联想到小学的国语科。实际上幼稚园的读法和小学国语科很不相同的，不同之点有：

1. 幼稚园的读法是整个的活动，至少是各科的中心。小学国语科，大多数因为教科书关系，不是这样的。

2. 小学国语科包括语言、读文、作文、写字四种活动。幼稚园仅限于读法，作文、写字还谈不到。

3. 小学读文有朗读、默读，幼稚生只有朗读。

4. 注音字母在幼稚园里绝对不用。

5. 补充材料，幼稚园里非常难加，这是因为能力的关系。所以在幼稚园里无所谓正文，也无所谓补充材料。

有了这五点的不同，小学国语科的教学法有许多不能引用到幼稚园里来。

（引自《幼稚园的读法》，1928 年，载《陈鹤琴全集》第二卷，第184 页）

27

每个儿童心里必有许多话、许多意思想发表的，常常因为发表的能力不足，无从表现出来。所以常常给儿童谈话的机会，常常让儿童画图画、唱歌、做自己愿意做的手工和表演故事中的人物，以满足儿童发表自己意思的欲望。但是儿童认识了几多字以后，常常要求用文字来发表自己的意思，谈何容易，儿童自己怎么能写句子呢！自述法就是帮助儿童发表的。儿童要写的话，教师替他略略变化一下，然后写在这本牛皮纸钉的小簿子上，儿童就能顺着句子读下去。

（引自《幼稚园的读法》，1928年，载《陈鹤琴全集》第二卷，第183页）

28

小孩子做什么，画什么，唱什么，教师预先必要有充分的准备，临时必要有适当的指导。教师常常在旁照顾，小孩子若做错了或要做错了，教师就应从旁指导。这样一来，小孩子的进步很快。

（引自《幼稚教育之新趋势》，1927年，载《陈鹤琴全集》第二卷，第099页）

幼稚园的环境与设备

1

布置环境的原则：

1. 环境的布置要通过儿童的大脑和双手。

2. 环境的布置要常常变化。

3. 高度应以儿童的视线为标准。

（引自《论幼儿园的环境布置》，1951年，载《陈鹤琴全集》第二卷，第476页）

2

布置环境，应根据自然现象和社会情况，在各个幼稚园现有的条件下，领导儿童一同布置，使儿童从布置环境之中，认识四周环境中的事物，了解实物与事物之间的关联。使儿童从改造环境之中创造环境，并培养儿童坚毅、积极、合作互助等优良品质。

（引自《论幼儿园的环境布置》，1951年，载《陈鹤琴全集》第二卷，第478页）

3

用什么东西布置（幼儿园室内环境）：

1. 自然物。我们应随时利用自然环境。一个幼稚园如果有很好的自然环境那更有办法，一年四季，喜欢用什么来布置就用什么，真所谓"取之不尽，用之不竭"。

2. 儿童成绩。应该将儿童成绩分别布置出来，使儿童可以得到自我比赛的机会，这是我们应该特别注意的一点，并经常鼓励儿童集体创作以培养合作的精神。

3. 有教育意义的图画、挂图和画片。内容应根据培养儿童国民公德为主，不要只注意"美术"一方面。

（引自《论幼儿园的环境布置》，1951年，载《陈鹤琴全集》第二卷，第477~478页）

4

幼稚园本来是一个儿童的乐园，除了游戏室、工作室之外，幼稚园应当有个很好的花园以便小孩子一日之中，常常在外游玩、鉴赏、学习。

（引自《四年来之中国幼稚教育》，1931年，载《陈鹤琴全集》第二卷，第234页）

5

培养成一个身体健全的人，学得种种技能，这种工作大都要有完美的设备，布置成一个很好的环境，使儿童眼之所见，手足之所接触，耳之所闻，都很能依照他的个性去活动，教师只要从旁指导，就能引起儿童个性之所好，所以幼稚教育应注重设备。

（引自《幼稚教育》，1926 年，载《陈鹤琴全集》第二卷，第 014 页）

6

自然界是幼稚园最好的教室，也就是幼稚园的一个大设备；玩具店杂货铺里的东西，不是件件无用的，也有许多可以采取的。在这样丰富的事物里面，做教师的漫无限制或用随感录遇到机会就给儿童，那是做不到的；勤力的教师必定要感到劳而无功的痛苦，正如成人们读书，不知选择，到头来会发生"生也有涯而知也无涯"之感的。所以必须有相当的标准，然后依照这个标准去采办，那才不至于浪费。

（引自《幼稚园的设备》，1928 年，载《陈鹤琴全集》第二卷，第 202 页）

7

教育上的环境，在教育的过程中，起着一定的作用，这是不可否认的。大家都知道，儿童爱模仿，所谓"近墨者黑，近朱者赤"。毫无疑义，儿童从四周的环境中可以得到教育，因此，我们需要布置环境以充实儿童的生活环境，丰富儿童的学习资料。

（引自《论幼儿园的环境布置》，1951 年，载《陈鹤琴全集》第二卷，第 475 页）

8

爱自然也是儿童的天性，透过这种天性，可

以培养儿童爱科学爱劳动。因此，幼稚园需要布置一个科学的环境，尽可能地领导儿童栽培植物（花卉、菜蔬）、布置园庭，从事浇水、除草、收获种子等工作，并饲养动物。经常指导儿童对于环绕着他们的自然界的事物和现象，进行观察和研究，从园地的栽培管理，动物的饲养以至日月星辰的变化，鸟雀鸣虫的歌声，通过儿童的双手和感官，使儿童对自然界的事物得到正确的认识，使儿童懂得自然界与自然现象之间的关系。

（引自《论幼儿园的环境布置》，1951 年，载《陈鹤琴全集》第二卷，第 475~476 页）

9

幼稚园需要布置一个审美的环境和科学的环境。那么室外就可以布置花坛、菜地、小动物园；如果有池塘，就可以养鱼、养鹅，一池碧水，浮着几只白鹅，四周飘着几棵垂柳，此情此景多么生动，多么优美。儿童在这个环境里面，一定会自动地去接触各种动植物，无形之中，他对于自然界的事物就得到了正确的认识。在这个基础上，培养儿童对自然的爱好和劳动的观点，并发挥儿童互助合作的精神。这是布置环境所给予儿童的教育。

（引自《论幼儿园的环境布置》，1951 年，载《陈鹤琴全集》第二卷，第 476 页）

10

帮助儿童注意四周的环境可以发展儿童各种

兴趣，满足儿童的求知欲，培养儿童的观察力。我曾在南京鼓楼幼稚园做过一个试验，第一天我将墙上的挂图都翻过去，问小朋友图中是什么东西，可是许多小朋友都不知道。于是我再翻过来，告诉他们这是什么，那是什么。过了几天，我再将图翻过去，这一次，小朋友大都能回答出来。由此，我们可以知道，儿童有时对于教师们布置的环境，也不很注意。因此我们一定要帮助儿童张开眼睛，打开耳朵，挥动双手，使儿童能认识环境，接触环境，以至创造环境。

（引自《怎样做人民的幼稚园教师》，1950～1951年，载《陈鹤琴全集》第二卷，第439页）

11

对于初进幼稚园的小朋友，不但是要他认识物质环境，更重要的是使他熟悉人的环境，使儿童之间建立关系。可以给新来的小朋友介绍朋友，还可以开欢迎会，使新旧小朋友从活动当中很快地熟悉起来，发生感情，这样，小孩子不再感到孤单、陌生。

（引自《如何使幼稚生适应新环境》，1951年，载《陈鹤琴全集》第二卷，第454页）

12

幼稚园的环境不但要美化，而且要富有教育意义。设置各种各样的工作材料，如饲养兔子、小鸡、小鹅等动物；陈列美丽的图画书、娃娃的家、大小积木、拼图板、各种木制布制玩具以及沙箱、泥工、木工等，以便转移小孩子的心情，使他从各种有教育意义的活动当中，消失对环境的陌生感。

（引自《如何使幼稚生适应新环境》，1951 年，载《陈鹤琴全集》第二卷，第 454 页）

13

夸美纽斯重视儿童教育环境，他认为语言学校"应当布置得清洁美观，使儿童的心情愉快，并且应当有明亮整洁的房间，以资教学"。他也认为儿童生性爱好嬉笑和好玩的东西，而不喜欢严肃和严厉的东西。

（引自《夸美纽斯的教育理论》，载《陈鹤琴全集》第五卷，第 272~273 页）

14

学校附近应有供学生散步和共同游戏的宽敞的场地和花园，应当使学生获得关于树木、花草的知识，并使他们能欣赏园中的美景。

（引自《夸美纽斯的教育理论》，载《陈鹤琴全集》第五卷，第 273 页）

15

儿童自己管理设备。这是一个养成好习惯的方法。有了东西，用过以后，必须照原样放好。用公共东西，要极力地爱护，可以省的地方，当极力设法节省。幼稚生有许多恶习惯都是在幼稚园里养成的。因为幼稚园里有工役、值日生、教师，许多东西可以代为收拾。这件事实在是最不应该有的习惯，教师应当注意此点。

（引自《幼稚园的设备》，1928 年，载《陈鹤琴全集》第二卷，第 206 页）

儿童道德训练

1

要教导儿童敬爱父母、尊敬师长。我们对于教导儿童敬爱父母、尊敬师长，应当十分重视。因为敬爱父母、尊敬师长就是教导儿童爱祖国、爱人民的起点。

（引自《怎样做人民的幼稚园教师》，1950~1951年，载《陈鹤琴全集》第二卷，第439页）

2

要教导儿童有服从性、纪律性。教导儿童服从真理、服从集体，养成儿童自觉的纪律性，这是儿童道德教育最重要的一部分。教师们应当在儿童整个生活中，集体的方式下，指导儿童了解为什么要服从真理，为什么要服从集体；如何服从真理，如何服从集体。指导儿童了解为什么要有自觉的纪律性，如何养成自觉的纪律性。

（引自《怎样做人民的幼稚园教师》，1950~1951年，载《陈鹤琴全集》第二卷，第439~440页）

3

要培养儿童的毅力、坚韧力、忍耐心、勤劳、勇敢、朴素的品质，使儿童建立起自觉的纪律性。

（引自《怎样做人民的幼稚园教师》，1950~1951年，载《陈鹤琴全集》第二卷，第439~440页）

4

陶冶儿童的性情，培养儿童的情感。个人的性情和情感，是要从小陶冶培养的。在幼稚园里，就要以音乐、图画、文学来陶冶儿童的性情；并从实际生活中培养情感，如对朋友的爱护，对广大劳动人民的热爱，这些都是编制课程时应该注意的。

（引自《幼儿园的课程》，1951年，载《陈鹤琴全集》第二卷，第457页）

5

如何养成人生观的"为己"或"为人"，动物里面，除蚂蚁和蜜蜂是为他的而外，其他都是为己的。人呢，小孩子尚在动物性时代，所以多半是为己的，因此，特别要在这个时期悉心教育他为人，爱人，教孩子们去做一个"为人"的人。因为，惟有做一个"为人"的人，才能够得到真快乐，真幸福！

（引自《为人的人生观》，1944年，载《陈鹤琴全集》第六卷，第252页）

6

积极的鼓励比消极的制裁来得好。小孩子是

喜欢鼓励的（青年也有这种倾向），一味地责罚，不一定能够制止他们坏的行为。比如有一个小孩喜欢在地上乱丢果壳字纸，有一次他偶然把地上的果壳字纸拾起来，丢到纸篓里去，老师趁此机会大大地鼓励他，他高兴地不得了，看人家把东西丢到地上，他就要去拾起来丢到适当的地方去。至于他自己的坏习惯，竟也就此革除了。

（引自《训育的基本问题》，1946年，载《陈鹤琴全集》第五卷，第109页）

7

教师要训导学生，第一要建立起学生对自己的信仰，这信仰是从什么地方发生的呢？绝不是你用欺骗或权威所可以获得的，信仰是由学生对你的道德和学识的钦佩而来。言行不一的人，他的道德既已发生缺陷，本身德行既已有亏，安能为人师表？学生对他决无信仰。如果这样的人担任训导工作，即使他每天唇焦舌疲向学生演讲一大篇做人的道理，也毫无用处。担任训导工作的人，必须自身保持高尚的道德，处处地方以身作则，才能成功。这是关于训导的最重要一点。

（引自《训育的基本问题》，1946年，载《陈鹤琴全集》第五卷，第110页）

8

训育难于教育，人格重于知识。现在中国教育的弊病确在于我们只顾到教书上课，注重知识的灌输。

（引自《怎样矫正学生的过失》，1939年，载《陈鹤琴全集》第四卷，第119页）

9

不应当用消极的方法来取缔学生的行动，应当用积极的方法去鼓励他们教导他们。欧美学校先生对于教育学生，很少用"不要"（don't）或"不许"，而以"做"（do）来代替。

（引自《怎样矫正学生的过失》，1939年，载《陈鹤琴全集》第四卷，第120页）

10

游戏可以锻炼身体，增强智力，大概都晓得的。但最重要的还是在培养人格。

（引自《怎样矫正学生的过失》，1939年，载《陈鹤琴全集》第四卷，第119页）

11

我们要注意的，训育不仅是知识的问题，而且是一种行为的问题。既是行为的问题，你一定要使学生把行为变成习惯，才可以放手。

（引自《儿童训育应该怎样实施的》，1941年，载《陈鹤琴全集》第四卷，第126页）

12

你要使行为变成习惯，你必定要在学生的心

境中引起热烈的情绪，战胜那种行为所遇的困难。就以日行一善来说，要一个小孩子从利己的观点转移到利人的思想，那是在他的生活中一件最大困难的事。你不能轻易地叫他战胜这种大的困难，要他轻易地改变他的思想，改造他做人的习惯，若没有热烈的情绪、高尚的思想、坚定的意志，绝不能达到目的的。

（引自《儿童训育应该怎样实施的》，1941 年，载《陈鹤琴全集》第四卷，第 126 页）

13

习惯的养成，不是短期可以做到的。所以你要常常注意，时时留心，务使行动不要有例外，不要中断间断，以达到自然而然的地步。

（引自《儿童训育应该怎样实施的》，1941 年，载《陈鹤琴全集》第四卷，第 126 页）

14

礼貌是人与人交际的一种不可缺少的形式。学校里是教学生怎样做人的。礼貌的训练当然必不可少。

（引自《再和小学教师谈谈》，1930 年，载《陈鹤琴全集》第四卷，第 109 页）

15

儿童是没有一个不好的。不过他偶尔犯了过失，要被惩罚，目的是教他下次不要再犯。惩罚儿童，是惩罚他的过失，并不是惩罚他的人格。所以一方面惩戒儿童，一方面对于儿童的人格，还是要绝对的尊重才是。

（引自《谈谈学校里的惩罚》，1934 年，载《陈鹤琴全集》第四卷，第 117 页）

特殊儿童教育

1

教育的对象本来是"有教无类"，而国家对儿童犹之父母之对他的子女，必须一视同仁，不能因为他们的身心智力的差别而遂不顾到他，忽略了他的前途，他的幸福。要知道2700多万特殊儿童没有享受教育的机会，就等于使国家多了2700多万废人，这对国家是何等大的损失？反过来说，如果给他们以特殊教育，他们就可以好好地发展，而增加了极大的力量。

（引自《中国儿童教育之路》，1947年，载《陈鹤琴全集》第四卷，第318页）

2

也许有人说：平日健全的儿童都没有受教育的机会，残缺的儿童更无法顾及。话虽如此讲，国家的贫瘠，物质条件的缺乏，使得特殊教育的推行遇到很大的阻力，这种工作是艰巨的，但是很有意义。我们应当在可能范围内尽量去努力用后天的力量去弥补先天或后天的不足，使那些一向被人忽略被人遗忘掉的特殊儿童得到教育与治疗，他们将会和常儿一样愉快地、健康地生活，成长！

（引自《特殊儿童教育在美国》，1942 年，载《陈鹤琴全集》第四卷，第 322 页）

3

我敢相信，凡是儿童都可教的（除去生理上有残疾的），都可以教成为有成就的人。不过教的方法，和寻常教育不同，应该要有特殊的研究。

（引自《幼稚教育》，1926 年，载《陈鹤琴全集》第二卷，第 013 页）

4

低能是可以教育的，他们虽然不能如常态儿童一样地接受普通学校教育，但他们都可以在优良的指导之下发展成一个有用的人。

（引自《低能儿童之研究》，1948～1949 年，载《陈鹤琴全集》第一卷，第 542 页）

5

低能教育中，教师的条件非常重要。除了普通教师所应具的条件之外，低能儿童的教师，更须有特别的修养。因为低能儿童的教师，教学对象是低能。所以，有人认为低能儿童的教师除了具备普通教师应具有的条件之外，还要有下列标准：

（1）言语要清楚。

（2）语言要庄重。

（3）态度要和善。

（4）说话要多反复。

（5）态度要快乐。

（6）态度要真诚。

（7）对儿童要亲切。

（8）对儿童要多鼓励。

（9）对儿童的成绩勿奢望。

（10）要有忍耐性。

（11）要有音乐才能。

（12）要有劳作才能。

（13）要有看护本领。

（14）要有高尚人格。

（15）要会讲生动的故事。

（16）要会做有趣的游戏。

（17）要会做精巧的玩具。

（18）要有敏锐的目光。

（19）要有会意的本领。

（20）要存同情的心理。

（引自《低能儿童之研究》，1948～1949 年，载《陈鹤琴全集》第一卷，第549页）

6

事实上，感于低能教育的艰巨，凡从事低能教育的，则不能不注意几个最基本的条件。

1. 曾有专业训练。凡从事特殊儿童的教育者应有专业的训练……

2. 要有学者的态度。低能教育是要求很高的工作，教师须具备学者的态度，把教育作为不断研究的过程，随时发现问题，随时解决问题……

3. 要有医生的精神。医生对病者是无微不至、无微不察的。低能儿童教育，一方面固然说是教育的过程，同时，也正如医生对病者一样兼有医疗的过程。低能心理的停滞现象至为微细，教师对儿童的观察，须有这种医生精神。

4. 要有事业的意志。从事于低能教育的教师，不能视这种工作为寻常的职业……

5. 要有慈母的心肠。低能儿童需要我们去同情、去感化。一个低能儿童的教师，对儿童尤应视同自己的子女，以爱、以德来温暖儿童，使他们在心灵的深处获得人们的同情，因而安于自己的生活与学习。

（引自《低能儿童之研究》，1948～1949年，载《陈鹤琴全集》第一卷，第549~550页）

第四编

小学教育

小学教育的价值与目标

1

小学教育是国民的教育，是造就人才的开端，是发扬文化的始基，所以比中学、大学教育更加重要。国家的发展，青年的前途，全在小学教育的改进。

（引自《一个理想的小学校》，1928 年，载《陈鹤琴全集》第四卷，第 036 页）

2

要培养儿童在社会上做一个健全的公民，现今社会个人主义太盛，只重个人发展，只顾个人的安乐、幸福，而对他人的安宁、利害不恤、不顾。这样的弱肉强食，争夺抢杀还成什么世界？所以一定要注意公民的训练，培养对于人类的同情心，注意儿童的自治能力，组织团体生活，使他们成为一个社会健全的分子。

（引自《一个理想的小学校》，1928 年，载《陈鹤琴全集》第四卷，第 035 页）

3

我们怎样使教师：

教活书，活教书，教书活？

我们怎样使儿童：

读活书，活读书，读书活？

（引自《〈小学教师〉发刊词》，1939 年，载《陈鹤琴全集》第四卷，第 245 页）

4

以前的小学教育与幼稚教育像是隔了鸿沟一样，现在看来不妥。要把小学一年级与幼稚园沟通，并且希望二年级与幼稚园也要打通。

（引自《一个理想的小学校》，1928 年，载《陈鹤琴全集》第四卷，第 035 页）

5

在现代许多学校中，他们只命令儿童去记些对他们毫无用处的知识，或者命令他们去学习一些在他们长远的将来才偶然有些用处的技能。他们完全忽视了真知的获得，乃为实践的结果，经验的赐与。经验是知识的源泉，必须让儿童在实际活动中来发现其创造与发明之路。

（引自《杜威为什么办实验学校》，1947 年，载《陈鹤琴全集》第五卷，第 117 页）

6

杜威实验学校的创办，诚非我们所想像到的那般平和顺利，其间的艰难困苦，正说明一个革新者的勇敢与沉毅，光明与胜利乃是不断斗争的结果。新教育工作者应在崭新的旗帜之前，提高警惕。

（引自《杜威为什么办实验学校》，1947 年，载《陈鹤琴全集》第五卷，第 117 页）

7

一个学校不应当关起门来单独地活动，它应当跟那些把自己的孩子交托给学校的家长们密切地联系起来，同时转变他们，使他们跟实验与工作发生感情，以达到改造学校的目的。

（引自《杜威为什么办实验学校》，1947 年，载《陈鹤琴全集》第五卷，第 116 页）

小学教学法

1

国语科重要的目的是统一读音和言文一致，普通读文都是用文言的读法，这样不好，因为小孩子还没有这种欣赏力。凡读国语，不必有调子，只须用口语如普通讲话一样的照着文字读出来就好了。但是声音也不可过高，过高会影响左右隔壁教室。

（引自《什么叫做"活的教育"》，1940年，载《陈鹤琴全集》第五卷，第019页）

2

作文要根据儿童的经验，训练他们的思想，培养他们的情感和启发他们的想像。比如养了小鸡和小鸭的，就可将他养小鸡和小鸭的方法和喂食的方法以及小鸡、小鸭生长的程序详细地写出来；做了豆腐的，可将买豆、浸豆、磨豆、煮豆浆、下石膏等的过程及其中的得失，详细地写出来。最要禁止的，是凭空出题目去苦恼儿童。各从各人自己的生活中去找资料，年级低的可写日记，年级高的不妨发挥一点意见。

（引自《什么叫做"活的教育"》，1940年，载《陈鹤琴全集》第五卷，第019页）

3

关于国语科的书法，也要根据儿童的兴趣和社会需要。初学写字要采用社会实用的字，就是不古怪生僻的字；同时采用儿童易误的字，就是儿童容易写错的字。我们还要把这些材料组织一下，编成有意义的句子给儿童书写，才能减少练习时的厌倦哩！

（引自《什么叫做"活的教育"》，1940年，载《陈鹤琴全集》第五卷，第019页）

4

我听说，有个小学教师教萝卜，当时正是萝卜生长的季节，而这个教师舍掉这实物不用，而用挂图，这是最笨劣而又无意义的教学法。自然科的教学法，最好用大自然间活的东西来做教材，实在没有办法找到活的教材才去用书本。

（引自《什么叫做"活的教育"》，1940年，载《陈鹤琴全集》第五卷，第019页）

5

学习任何事情，第一是要学习的人自己要学习；自己要学习，才能尽心竭力，不避艰难地去做；这种要学习的倾向，就叫做动机。教授任何事情，必定要先把学习此事的动机引起，方始有效。反之，如果没有动机，勉强他去学习，那就如俗话所说："捉老鸦到树上去做窝，永世不得成功了。"

（引自《师范教育的根本问题》，1928 年，载《陈鹤琴全集》第五卷，第 026 页）

6

儿童在未入学之前，因为他和环境内事物相接触，已具备相当的经验；教师可以此为出发点，设法扩展或改造。

（引自《新实习》，1936 年，载《陈鹤琴全集》第五卷，第 170 页）

7

儿童对于具体的事物，较抽象的意义容易了解。所以教学应先用实在的教材，使儿童亲自观察，亲手试做，以获得直接经验。儿童既有直接经验之后，对于抽象的符号或意义，自会明了。

（引自《新实习》，1936 年，载《陈鹤琴全集》第五卷，第 170~171 页）

8

常识教学重在经验，重在做，常识教学时固然要用文字，但我们不应当用文字来束缚教学。小孩子学常识的时候，应当看大量的书籍，不应当看一点文字。

（引自《国语教科书要怎样编的》，1944 年，载《陈鹤琴全集》第四卷，第 172 页）

9

常识受时间空间的限制，受儿童心理的限制，它要因时制宜、因地制宜，它要适合儿童的兴趣，适合儿童的了解程度，适合儿童的活动能力，不能像国语一样有普遍性的。

（引自《国语教科书要怎样编的》，1944年，载《陈鹤琴全集》第四卷，第172页）

10

常识教学重在实际经验，重在做。比如养蚕，儿童一定要亲自养过蚕，才知道养蚕的意义。有养蚕的经验才会了解养蚕的文字，所以常识教学重在如何教小孩子去做去经验，而不重在如何教小孩子学好文字，故两者的中间当有差别。

（引自《国语教科书要怎样编的》，1944年，载《陈鹤琴全集》第四卷，第172页）

11

读法在小学课程中占最重要的位置。除了美术、艺术、体育之外，各种课程差不多都要用着读法的。一个阅读能力薄弱的小孩子，在各种功课上就不容易有相当的进步。所以能够教儿童多看书，喜欢看书，看相当的书，是教师最重要的责任。

（引自《文纳特卡制中的读法》，1931年，载《陈鹤琴全集》第四卷，第094页）

12

阅读能力薄弱的儿童看起书来，他的眼睛停的次数为什么比较多，而停得没有节奏呢？这是因为当初所看的读物太难，到了后来习以为常，以后看一个字，眼睛就要停一停。所以最初的时候，就是在眼动习惯未养成之前，我们给儿童看的书要容易；倘使太难，使他眼睛动得不得当，而养成一种不适当的动作，那到后来就不容易改了！所以对于阅读能力薄弱的儿童，我们最好给他看很容易的书，教他看得快。使他养成适当的眼动习惯。

（引自《文纳特卡制中的读法》，1931年，载《陈鹤琴全集》第四卷，第095页）

13

倘使教师只叫阅读能力强的儿童练习朗读以示范，那么，阅读能力薄弱的儿童就没有练习的机会。所以我们主张小孩子只要读给教师听，当一个儿童读给教师听的时候，其余的儿童都各人自己默读。这样阅读能力强的与薄弱的，双方都能兼顾；况且朗读只用在低年级的，高年级的就都应注重默读了。

（引自《文纳特卡制中的读法》，1931年，载《陈鹤琴全集》第四卷，第096页）

14

教学上的最高理想为，一切活动由儿童自学；

教师的责任，仅在指导，并准备活动时所需要的各种工具。这些工具，都是依据活动的对象而异，其使用的方法，使每一活动，能利用它们来了解各种事实及技能的能力。

（引自《新实习》，1936 年，载《陈鹤琴全集》第五卷，第 171~172 页）

15

比赛和游戏，都是适合儿童的心理和性情的，教授上用得得法，效力是最大的。因为儿童好胜，所以我们用比赛的方法去鼓励他们；因为儿童喜欢游戏，所以我们用游戏的方式去教他们学习各种功课。但是学习比赛，务必要使胜者勿矫情，败者勿灰心。至于游戏一层，尤须于组织教材教法环境时间，各方面特别注意，方可收得良好的效果。

（引自《几条重要的教学原则》，1928 年，载《陈鹤琴全集》第四卷，第 039 页）

16

寓学于做：换一句话说，就是要在工作的时候，实地的学习。俗话说得好："岸上学游水，到老学不会。"所以无论什么事，空讲也是没有用的，必须要实地去做。学生在做的时候去学习，教师在做的时候认真去指导，然后学生得到的知识技能，才能正确无误，教师指导的时候，才不致空言无补了。

（引自《几条重要的教学原则》，1928 年，载《陈鹤琴全集》第四卷，第 037 页）

17

教师应该要注意到的，在引起动机的时候，无形之中要暗示他们动机的方向，使他们自然而然地倾向到那一方面去做。哪一种活动，能够利用学生的动机，掌握学生的动机，并且支配学生的动机。这就是好教师的第一个标准。

（引自《几条重要的教学原则》，1928 年，载《陈鹤琴全集》第四卷，第 037 页）

18

教师有时候可以叫学生去教学生。这种方法，尤其是训育方面用得适宜，所收效果有时或许比教师教授的来得大，因为从学生看，能够去指导人是非常之荣誉的。教师叫他去做的时候，他一定奉命惟谨。例如清洁检查和大扫除等，我们教级长去服务，率领同学大家去做。做级长的，一方面要去指导人，自己一定先要学好，做人家的表率，那就必得要用功了。另一方面学生看见同学能够指导我们，就有一种羡慕的心理，无形之中就会使大家努力仿效起来。

（引自《几条重要的教学原则》，1928 年，载《陈鹤琴全集》第四卷，第 038 页）

19

从吾人经验所得，凡七八岁之儿童，若指导

适宜，足以自治而有余。至于学生自治制一行，儿童即变为老成，此说于事实大为刺谬。吾常见自治制之儿童，其天真烂漫，精神活泼，实有远胜于常儿者。

（引自《学生自治之结果种种》，1919 年，载《陈鹤琴全集》第六卷，第 004 页）

20

根据最新的教育理论，儿童的学习应当是集体的，互助的，因为大家的意见，一定比个人的意见来得完美。一级里有一个儿童成绩不好，全级的儿童，都有责任帮助他取得成功。而且，儿童教儿童完全合乎学习心理的原则，因为他们的话语和思想逻辑完全是相同的。

（引自《重视儿童的力量》，1947 年，载《陈鹤琴全集》第四卷，第 340 页）

21

儿童互助的事业，应当由儿童自己来主持，教师仅处在指导的地位。我们一面要认识儿童是有力量的，同时，不可否认儿童是没有成熟的，需要老师的指导。可是指导应遵守两个原则：（一）凡是儿童能够想的，让他自己想；儿童能够做的，让他自己做，必要时，才给他指导。（二）指导的目的是发扬儿童的才能，不是抑制儿童的活动。

（引自《重视儿童的力量》，1947 年，载《陈鹤琴全集》第四卷，第 340 页）

22

我们如果要保持身体健康，坐的姿势不得不适当。我们若要保护目力，桌面与座位的距离不可不考究。如果脊椎不弯曲，两手必须安放桌上。要使脏腑各得其安所，躯干绝对必须挺直。

（引自《小学各种心理学》，1940年，载《陈鹤琴全集》第四卷，第396页）

23

要使儿童熟悉功课，要顾到练习的原则，如写字课时，往往看见教师只顾自己看书，好像儿童写字与教师毫无关系，教师对儿童写字的姿势，执笔的手势，写字的笔顺、间架、用墨的深淡等不加指导，儿童从何而改进呢？如此尽管怎样多练习，而收效仍是很小，所以练习一定要有指示和辅导，教师要在桌间巡视，进行个别指导，这是教师应负的责任。

（引自《一个理想的小学校》，1928年，载《陈鹤琴全集》第四卷，第035页）

24

书法是一种工具的学科，目的在养成儿童以文字记录或发表的能力。在中国，书法又是一种美术，但小学生学习书法的目的却不着重此，实际上应以实用技能的获得为主要的目标。

（引自《写字教学中的各项问题》，1933 年，载《陈鹤琴全集》第四卷，第 075 页）

25

小学写字教学的目标可有四项：（一）正确；（二）整齐；（三）迅速；（四）美观。这四项目标似乎亦应有先后轻重之分。我们以为低年级应注重（一）（二）两项，务求学生对于日用的字能写得不错，写得清楚整齐，使他人阅读时能一目了然。高年级除掉（一）（二）两项以外，更应兼顾（三）（四）两项。

（引自《写字教学中的各项问题》，1933 年，载《陈鹤琴全集》第四卷第 075 页）

26

儿童记日记有些什么好处？记日记的好处，最明显的是足以促进儿童写作发表的能力，同时，记日记又可以培养儿童观察生活的能力，与计划生活的习惯……因此，我觉得日记是需要的。

（引自《教育工作者的修养》，1948 年，载《陈鹤琴全集》第四卷，第 328 页）

27

"执笔"虽是学校中的一个重大问题，但是很容易解决的。只要做教师的把这个先仔细研究一下，研究之后，就想种种方法，叫学生矫正坏的执法，鼓励对的执法。

（引自《笔要怎样执的》，1929 年，载《陈鹤琴全集》第四卷，第071页）

28

总而言之，算学是一种很有兴趣的玩意儿。教得好，教材选得巧，小孩子一定喜欢学。教得不好，教材也选得不当，小孩子当然不喜欢学了。现在中外小孩子之所以不喜欢算学，我们可以明白了。愿我们做教师的应当善自警惕，使小孩子的前途不致被我们摧毁！

（引自《为什么小孩子不喜欢算学》，1942 年，载《陈鹤琴全集》第四卷，第065页）

学校与社会生活衔接

1

将儿童放在适当的环境里去发展他的生活，儿童必须从直接经验中，去学习，去求知识，去求技能，去做人。

（引自《参观德克乐利学校报告》，1936年，载《陈鹤琴全集》第四卷，第148页）

2

儿童是生活在现实环境之中。现实环境包括四个方面，即自然环境、社会环境、生理环境和心理环境。自然与社会构成了客观的环境，而生理与心理则构成了主观的环境，客观环境与主观环境，相互渗透，变化无穷，致促成了现实生活的丰伟内容。

（引自《现代课本编排的新趋势》，1947年，载《陈鹤琴全集》第四卷，第194页）

3

从现实丰伟的内容中吸取题材，能使课本成为做中教，做中学，做中进步的良好指导者；从现实丰伟的内容吸取题材，能使课本成为儿童喜读、喜看、乐于了解的新伴侣；只有当教材现实化的时候，课本上的知识才能成为儿童学习"做人，做中国人，做现代中国人"的具体参考资料。所以，取材现实化是现代课本内容的新趋势之一。

（引自《现代课本编排的新趋势》，1947年，载《陈鹤琴全集》第四卷，第194页）

4

个人的经验是能互相渗透，互相影响的。教育能否给儿童准备其未来的社会生活，就要看学校是否已成为一个具体的小社会。

（引自《杜威为什么办实验学校》，1947年，载《陈鹤琴全集》第五卷，第115页）

5

要使人类知识继续不断地丰富与扩大，惟一可恃的方法，就是在活动中直接跟事物相接触。人类的知识、理解和行为所以能得以发展，即由于人类具有好奇的、好动的、好群的以及多变的自然需要和自然倾向，教育即生长说，便是从这个概念发展出来的。

（引自《杜威为什么办实验学校》，1947年，载《陈鹤琴全集》第五卷，第116页）

6

儿童求助与助人的行为，说明即使在生长的初期，儿童的互助态度也已开始发展。这种发展，或者就是儿童心理发展过程中的一个必然倾向。

因为儿童自从离开母体之后，他首先所接触到的，便是一个"人"的社会。他开始与母体接触，与父体接触，与自己的兄弟姐妹们接触，与邻居及同学乃至于整个人群相接触。每一个接触的机会，都给儿童以适应的刺激，而促使儿童的不断发展。从求助与助人的经验之中，一种生活必须依存于社会的意识，才逐渐地建立起来，丰富起来，构成一股互助的巨流。

（引自《世界儿童互助运动》，1947年，载《陈鹤琴全集》第四卷，第334页）

7

儿童互助运动，不但是适应于儿童心理发展的倾向，同时，它更是今日世界所迫切要求于我们儿童的任务。毋庸讳言，儿童互助的心理倾向，是建立在人类生活社会化的基础之上的。人类生活社会化的程度愈益加深，则社会所要求于人类的互助生活亦愈加迫切。

（引自《世界儿童互助运动》，1947年，载《陈鹤琴全集》第四卷，第334页）

8

儿童的性格基础是在家庭中建立的，这在苏联是一个肯定的教育原则。学校工作的成功要依赖家庭的协助和合作，所以各学校都设有父母委员会，校长和教师必须出席。

（引自《苏联的儿童教育》，1950年，载《陈鹤琴全集》第四卷，第367页）

教材与课本

1

所谓科学化是指的两个方面，一方面是科学资料的采用，另一方面是科学态度的确立。现代科学研究的成就，被广泛地容纳于课本之中，同时，对于任何自然的、社会的、生理的或心理的现象都予以科学地说明，使儿童在课本中所获得的知识，是属于客观而类于真实的知识。惟有如此，课本才能成为儿童的忠实而可靠的顾问。

（引自《现代课本编排的新趋势》，1947年，载《陈鹤琴全集》第四卷，第195页）

2

为了救救孩子，我希望教师们应首先觉悟，多多地改进教法，慎重地选择教材，一、二年级的孩子，决不能有课外作业，免得促成孩子早熟和衰弱，害了孩子。做父母的应该戒除虚荣心，应当以小孩子的身体健康为第一，知识次之，这样才能使儿童得到快乐，得到自由，个个都成为健康活泼的儿童。

（引自《一年级的儿童应当有课外作业吗》，1950年，载《陈鹤琴全集》第四卷，第352页）

3

怎样编辑教科书？对于每个教师都有切身的
关系，因为教师时常要编订补充教材，供给儿童
阅读。补充教材的编辑方法和编辑教科书是没有
什么不同，所以怎样编辑教科书，是每个教师都
要知道的常识，而且对于实际应用上是很需要的。

（引自《国语教科书编辑问题》，1947 年，载《陈鹤
琴全集》第四卷，第 189 页）

4

我们应该知道：教具，是依据教材帮助教学
进行，使儿童在时间上、数量上、质量上，增进
其对于事物的了解或记忆等能力的一种工具。

（引自《新实习》，1936 年，载《陈鹤琴全集》第五
卷，第 171 页）

5

教科书的形式从儿童的眼光看来是非常重要
的。假使有两本书，编制文字都一样，一本有美
丽的封面、有适当的大小、有彩色的插图、有鲜
明的字体和有趣味的书名、有相当的页数，一本
相反，小孩子无疑的喜欢前一本了。

引自《国语教科书要怎样编的》，1944 年，载《陈鹤
琴全集》第四卷，第 181 页

6

教材选择，当然要求适合儿童的需要。所谓

适合儿童的需要，一方面是指着儿童生理的需要，因为儿童身体上各部构造都有他的特点，小学里所用的教材，消极的应无碍于生理的发展，积极的要协助儿童生理发展。一方面是儿童心理的需要，这句话，扼要地说就是合不合儿童的兴味，兴味可以增加记忆的能力，延长学习的时间。

（引自《新实习》，1936 年，载《陈鹤琴全集》第五卷，第 169 页）

7

选择教材要能适应社会的需要：第一，学校本身应该社会化；第二，学校教材中应尽量采纳社会上多数人所适用的计划。同时还要顾及生活方法的不同，所需要的知识、技能也不能一致的。例如乡村小学里所需要的农事知识，城市小学则认为不重要；工业区的学校所需要的教材，与在农业区的也有差异。

（引自《新实习》，1936 年，载《陈鹤琴全集》第五卷，第 169 页）

8

教师选择教材要适合时代需要，不但要有敏锐的眼光，走到时代前面去，并且还要有改革的毅力和化民成俗的伟大人格。

（引自《新实习》，1936 年，载《陈鹤琴全集》第五卷，第 170 页）

学校管理

1

教室内窗的开关，门户的出入，座位的排列，以及教室内一切的布置，都应当注意。使得儿童有适当的姿势和一种愉快的空气。然后再上课，秩序自然会好，进行教学便容易了。

（引自《一个理想的小学校》，1928年，载《陈鹤琴全集》第四卷，第034页）

2

教室里儿童的种种动作，教师当十二分留意。有价值的，我们应当鼓励发表，给儿童一个圆满的结果；无价值的动作，我们当因势利导以免发生紊乱。而尤其是教室的常规，应当使儿童个个遵守，养成一种很好的习惯和很好的学习态度。

（引自《一个理想的小学校》，1928年，载《陈鹤琴全集》第四卷，第034页）

3

所谓健全的精神，寓于康健的身体，是一点不错的。所以学校里一定要特别注意卫生教育、卫生设施及卫生的训练。

（引自《一个理想的小学校》，1928年，载《陈鹤琴全集》第四卷，第035页）

4

依我们的理想，是要学生主动地依着次序鱼贯而行，不争先，不吵闹，静静地进去，轻轻地出来。但是在学生没有达到这一步之前，我觉得排队的训练是万不可少的。但是等到学生一能够自动的依照次序进出教室，这种机械式的排队，就可以立即取消。

（引自《再和小学教师谈谈》，1930年，载《陈鹤琴全集》第四卷，第108页）

5

教室里悬挂照片镜框的高度，要看一般学生的高矮而定。镜框的高低，要和学生的视线相平；倘使太高或者太低，看的时候就要费力了。

（引自《再和小学教师谈谈》，1930年，载《陈鹤琴全集》第四卷，第112页）

6

教师一进教室，就应当看学生的桌椅有没有安放整齐。有许多学校里，有时候一排桌椅竟会前前后后的参差不齐，于观瞻上既有妨碍，于精神上亦觉不快。

（引自《再和小学教师谈谈》，1930年，载《陈鹤琴全集》第四卷，第112页）

7

有人说:"学生在家里的时候,背是直的;进了小学,背就有些弯了;进了中学,背就驼了。"老实说一句,学校几乎是"驼背的养成所"!我们做教师的,一定要注意到学生坐的姿势。他们写字看书的时候,都应当靠着椅背,坐得很直才是。最好在上课之前,就提醒小孩教他们注意坐的姿势,等到坐好了才上课。

(引自《再和小学教师谈谈》,1930 年,载《陈鹤琴全集》第四卷,第 113 页)

8

一个学校办得好不好,与事务员(有的学校称庶务)的得力与否,有很大的关系。学校里的一切的设备,应如何布置与管理,以至一草一木,应如何种植,才能算适当、整齐、清洁,而使一个学校的环境很优美;儿童们作息其中,好像在一个乐园里。否则,布置失当,形成了一个很不良的环境,对于儿童,就有很不好的影响。

(引自《小学教育问题》,1930 年,载《陈鹤琴全集》第四卷,第 045 页)

9

做校长是很难的。做校长的人虽不能说是要万能。但能力一定要强,才能胜任愉快。校长对于行政方面的事务,如经济的支配、设备的管理等等，都应当精明强干。且对于各种功课，也应该相当熟练。

（引自《小学教育问题》，1930年，载《陈鹤琴全集》第四卷，第046页）

10

我们再回头把一般训练师资的机关如何训练研究研究。普通不是教员照着教科书讲给学生听听，就是照着教科书做给他们看看而已。这不好像在空中教学游水，不让学的人自己学而只有教的人的教或示范么？这种样子训练出来的师资，怎能胜任教学工作呢？所以我国的一般训练师资机关，应当大大改革一下才好。

（引自《小学教育问题》，1930年，载《陈鹤琴全集》第四卷，第047页）

11

学校里的小学生，说起来那是可怜得很！一天有五个半钟头坐在课堂里，不是椅子没有靠背，就是桌子太高或者椅子太低；读起书来，写起字来，不是驼着背，就是耸着肩，无怪乎正在发育的小孩子，不久就个个变成驼背、近视了。

所以我们应当赶快定一种坚固耐用高度适合的儿童课桌椅，来补救校正儿童的姿势，来增进儿童的健康。

（引自《小学标准课桌椅》，1941年，载《陈鹤琴全集》第四卷，第055页）

12

坐的姿势不对不但有害于身体的健康，养成弯腰曲背的形态，并且与字的成绩亦有相当的影响。因此，第一，桌椅的高度要适合儿童的体格。第二，桌椅的排列须适当。桌椅最好排成负距离或零距离。换言之，椅子坐位的边须与桌子的边相齐或稍近一点。第三，坐的时候须身直、脚平、胯下。在开始写字的时候，正当的姿势尤为重要，不然坏习惯一经养成再谋矫正就十分困难了。

（引自《写字教学中的各项问题》，1933 年，载《陈鹤琴全集》第四卷，第 078 页）

13

直立的姿势于人的见界、思想、胆量、气度有密切的关系。一个驼背的人，不看见天上的美丽云霞，不望见遥远的山明水秀，只是低着头，望着地，缩短视线，狭小胸襟而已。一个挺着胸直着背的人，能见得远，望得高，他的见解容易来得广阔。

（引自《儿童的姿势》，1941 年，载《陈鹤琴全集》第四卷，第 106 页）

14

吐痰是中国人的恶习，这种恶习是从小养成的。小孩子在家里就看到成人是随地乱吐，也会不知不觉地乱吐起来；学校里面的痰盂，无形之中暗示小孩子去吐痰。小孩子本来是没有什么痰的，不过看见了痰盂也去吐些口涎试试罢了。但是吐了几次，就会成为习惯的。所以我以为教室里不要放痰盂才是。

（引自《再和小学教师谈谈》，1930 年，载《陈鹤琴全集》第四卷，第 111 页）

15

我们以为，有问题不是坏现象，或许是好现象。若是有了问题而不知有问题，那真是有问题了，若知有问题而极力去解决，即"有问题"可变为"不成问题"了。

（引自《〈儿童教育〉二卷三期卷头语》，1930 年，载《陈鹤琴全集》第四卷，第 043 页）

儿童读物的教育作用

1

我认为作为一个儿童读物的作家，要认识儿童，了解儿童，更重要的是同情儿童，爱儿童，由这样产生的作品才是儿童所需要、所喜爱的。中国儿童作家缺乏这种精神，大儿童（指成人）没有钻进小儿童圈子里去。缺乏儿童生活的研究，是不能写出好的读物的。好的作品要儿童看得懂，顶重要的是万不可写鬼怪故事，否则对儿童的心理健康影响很大，看了往往不敢回家，晚上也会做噩梦。

（引自《钻进儿童圈子里去才能写出好的作品》，1948年，载《陈鹤琴全集》第四卷，第102页）

2

要启发儿童的创造性。陶行知先生曾经说过成人做的文章要小先生改，我发现小朋友的思想是我们想象不到的。儿童有创造性，我们要发现他们并启发他们。要给儿童看各种东西，要丰富他们的经验，使他们能深思。牛顿看见苹果掉下来，发现了地心引力，为什么其他人不能发现，这就是深。深与广，是培养儿童创造力的重要因素。

（引自《钻进儿童圈子里去才能写出好的作品》，1948年，载《陈鹤琴全集》第四卷，第102页）

3

经书含义宏深，文字古奥，即以四子书而论，非对于古文具有根柢略具训诂知识的，已属不能卒读。如果一面读经，一面再教古文，不但时间不允许，恐怕生吞活剥，对于真正的经义仍旧是一知半解。

（引自《小学生应当读经么》，1935年，载《陈鹤琴全集》第四卷，第103页）

4

现在有人主张不必问小学生能否了解，只须教他们读经就是，大概是说学生把经书熟读在肚里，将来自然就会应用。这种"反刍式的教育"我实在不敢苟同。试问小学毕业生有多少人能够升学，有几个人能得有反刍的机会呢？所以我认为如果要教小学生领略经书的精义，第一步要把经书的文字和编制，先加选择和改造。

（引自《小学生应当读经么》，1935年，载《陈鹤琴全集》第四卷，第103页）

5

好的散文或韵文，也不妨把它熟读或默写。外国的小学校对于这种文章或诗歌，也常常教儿童背熟。但中国的韵文如诗歌等，很少适合儿童阅读的；因为中国的文学家、诗人做的韵文，十之八九是为成人做的，不是颂赞恋爱的甜蜜，便是诅咒人生的苦闷，这种诗歌当然不是儿童所能了解的，所以也不宜给儿童阅读。中国的儿童诗歌这一园地，实在还是一个处女地，正待大家去努力开垦呢！

（引自《小学教育问题》，1930年，载《陈鹤琴全集》第四卷，第049页）

第五编

艺术教育

儿童艺术教育的作用

1

绘画是言语的先导，表示美感之良器。

（引自《儿童心理之研究》，1925 年，载《陈鹤琴全集》第一卷，第 314 页）

2

绘画之价值，胪列如下：

1. 绘画可以表现儿童的美感。
2. 绘画可以发展儿童的思想。
3. 绘画可以增进儿童的知识。
4. 绘画可以练习儿童的目力与手力。

（引自《儿童心理之研究》，1925 年，载《陈鹤琴全集》第一卷，第 314 页）

3

图画有什么价值？小孩子到了一岁多的时候，看见别人画图，也就要画画看；虽然画得不像，但是画了就觉得很快乐。等到大一点他能够画得像一样东西了，那时候他的快乐更加大了。图画确是表意的好工具。图画不但能表意使儿童快乐，并且可以灌输知识，什么颜色、数目和浅近的事物，都可以从图画中学得的。

（引自《幼稚生的图画》，1927 年，载《陈鹤琴全集》第二卷，第 169 页）

4

绘画像音乐、言语一样，是人类表情达意，交流经验，记录史事以战胜空间、时间的最早、最有效的一种工具。

（引自《从一个儿童的图画发展过程看儿童心理之发展》，1956 年，载《陈鹤琴全集》第一卷，第 560 页）

5

图画是儿童生来喜欢画的，我们可以利用这种心理直接去满足他的欲望，间接去丰富他的知识，怡养他的性情，并使他养成良好的消遣习惯。

（引自《幼稚生的图画》，1927 年，载《陈鹤琴全集》第二卷，第 169 页）

6

历来教育家都很重视儿童的绘画。苏联的儿童教育专家克鲁普斯卡娅曾给绘画以高度的评价。绘画可以根据儿童第一、第二信号系统的相互的作用来促进儿童思维的发展，儿童能在绘画中反映他所看见的，以及叫出名字的东西，并用言语来说出东西的名字。通过绘画这种手和眼的联合动作，儿童还可以更好地理解周围的事物，并巩固所得的观念，通过绘画还可以培养儿童良好的情感和道德品质，这就为唯物主义的世界观打下了初步的基础。

（引自《从一个儿童的图画发展过程看儿童心理之发展》，1956年，载《陈鹤琴全集》第一卷，第560页）

7

儿童图画的发展是随着他的身心的发展而发展的。也就是说儿童的图画是受着生活的经验和教育实践的影响的。

（引自《从一个儿童的图画发展过程看儿童心理之发展》，1956年，载《陈鹤琴全集》第一卷，第564页）

8

儿童画是一种帮助我们了解儿童心理发展的良好资料；儿童的图画发展体现了由量变到质变的过程；儿童先会画线，后会画圆，然后才会画点；儿童绘画技能的增进，落后于他的感知认识；儿童图画是反映对他印象最深的客观现实的；儿童绘画技能与他的生活经验和教育实践是分不开的。

（引自《从一个儿童的图画发展过程看儿童心理之发展》，1956年，载《陈鹤琴全集》第一卷，第595～598页）

9

读法与图画手工都是属于发表自己意见的。儿童喜欢看图，喜欢涂鸦，喜欢东做西扯，这是发表自己意见的活动。"字"不是一件神秘的东西，可以当做图画看的。写字也不可当做极神妙的事情看，也可以当做涂鸦看。无论图画、手工、读法，都是儿童发表自己意见的方式，都可以做的。

（引自《幼稚园的读法》，1928 年，载《陈鹤琴全集》第二卷，第 175 页）

10

小孩子应有画图的机会。画图是一件很有教育价值的游戏。小孩子既可以因此发表他的思想又可以学到许多知识。

（引自《家庭教育》，1925 年，载《陈鹤琴全集》第二卷，第 582 页）

11

小孩子应有剪纸的机会。我们大概都知道儿童是好动的，也是喜欢模仿的，所以最好教以"剪纸"的游戏。一可以使他模仿各式各样的人物，表现他的意思；二可以利用"剪纸"的动作，在无形中练习精细、忍耐、敏捷、沉静诸美德；所以这虽也是一种游戏，于教育上也是很有关系的。

（引自《家庭教育》，1925 年，载《陈鹤琴全集》第二卷，第 585 页）

怎样教儿童绘画

1

小孩子先会画图，后会写字，这是研究儿童心理的都知道的。小孩子到了一岁多点时光，就能拿了蜡笔在纸上乱涂，虽然涂得不像，但是他看见所涂的红绿颜色，非常高兴。从这时到三岁的时候，所画的图画看起来是不像什么东西的，所以叫做"涂鸦期"。

（引自《创造的艺术》，1930 年，载《陈鹤琴全集》第四卷，第 085 页）

2

小孩子从小就喜欢画图的，我们做父母的不晓得怎样去教他，反而常常把他画图的兴趣打消了、摧残了。有时候，小孩要画图，他就拿了毛笔或煤炭在墙壁上或桌椅上乱涂。做父母的看见了，不是骂他，就是打他。这样一来，小孩子就不敢尝试了。其实这种现象是给做父母的一个很好的机会。

（引自《创造的艺术》，1930 年，载《陈鹤琴全集》第四卷，第 085 页）

3

虽然有许多小孩子不愿意画，那并不是图画

得不好，乃是我们做教师做父母的不能引起他们绘画的兴趣。

（引自《幼稚生的图画》，1927年，载《陈鹤琴全集》第二卷，第169页）

4

儿童绘画的兴趣，随着年龄增长而多样化起来，画的方法也越来越多样化了。对于画人形画来讲，除了写生、速写及记忆画之外，他还画滑稽画，而滑稽画中也是多种多样的，每张都能表现一定的人的性格。

（引自《从一个儿童的图画发展过程看儿童心理之发展》，1956年，载《陈鹤琴全集》第一卷，第591页）

5

今天，我们教儿童画图，首先，要扩大儿童的眼界，丰富儿童的经验。因此，要指导儿童向大自然大社会去取材，带领儿童对自然界中的山川河流、苍松翠柏、飞禽走兽、五谷六畜以及围绕在我们四周的各种事物进行精湛的观察，以扩大儿童的眼界。

（引自《谈谈儿童绘画》，1951年，载《陈鹤琴全集》第一卷，第557页）

6

对大社会中所发生的千千万万的事物，亲身体验，以丰富儿童的经验。这样，我们可以看到儿童许多真实而有意义的作品。这是我们今天教图画的一个正确方向，循着这个方向，配合儿童五爱教育，使儿童从图画的教学当中，不仅得到某些技术，更重要的是对新社会新事物有一个正确的观念。

（引自《谈谈儿童绘画》，1951 年，载《陈鹤琴全集》第一卷，第 557~558 页）

7

根据什么标准去选择材料呢？我想有三种标准：（1）要根据小孩子的经验的。小孩子对于没有看见过的东西，没有听见过的事物，当然画不出来；凡是我们叫他画的东西，要在他的经验中都有的，那教起来，他就容易了解。（2）要有代表性质的，鸭与鹅两种家禽，在形体方面，有许多共同点：它们的嘴、蹼、身子是相仿佛的。若会画了鸭，画鹅就很容易了，所以我们只要叫小孩子画一种就够了。（3）所选择的材料是要容易画的，小的动物，如蚂蚁、苍蝇，既不容易观察，又不容易绘画，所以没有选择的必要。我们应当选择的是那些具有明显特征的事物，如猫头鹰、象之类。

（引自《幼稚生的图画》，1927 年，载《陈鹤琴全集》第二卷，第 174 页）

8

教师只在教室里教儿童画图，画什么一瓶死花、3 只死鸟、几样水果，那引不起儿童画画的兴趣。你一定要带他到大自然里去实地写生，到大社会里去写真，那么儿童画画的兴趣就会增加，画画的技术就会提高。

（引自《活教育的教学原则》，1948年，载《陈鹤琴全集》第五卷，第070页）

9

我们并不希望儿童画得很精细，若能画出每种物件的特征并且画得有点像实际的事物，看起来不会看错，那就够了。

（引自《幼稚生的图画》，1927年，载《陈鹤琴全集》第二卷，第174页）

10

我们教小孩画画，如果孩子养了小鸡和小鸭的，可以教他细心观察，将小鸡和小鸭的形状画出来，做了豆腐的，可以叫他将磨豆子的姿势画出来，这样才切合实际，不呆板。

（引自《什么叫做"活的教育"》，1940年，载《陈鹤琴全集》第五卷，第020页）

11

奥国（奥地利）有一位齐泽克（Cizek）先生，主张艺术要有创造的精神，儿童要有创造的机会，所以他不赞成叫儿童模仿名作，甚至参观古人的名画，而一任儿童的自由去描画。他根据这种见解去教儿童图画，结果果然获得意外的成绩。

（引自《小学教育问题》，1930年，载《陈鹤琴全集》第四卷，第048页）

怎样对儿童进行音乐教育

1

儿童是国家的未来，要造就新一代优秀的公民，必须从小教起，从小教好。音乐教育是儿童广泛要求和自觉接受的。为了达到音乐教学的重要目的，还必须从培养师资着手，必须为儿童创造良好的学习条件和环境，以满足他们唱歌和欣赏的愿望，发挥他们的才能，让音乐教学在培养一代新人和推动社会主义精神文明建设中发挥应有的作用。

（引自《让儿童生活音乐化》，1949 年，载《陈鹤琴全集》第四卷，第 346 页）

2

小孩子学音乐，要从小学的；世界上的音乐家，可以说没有一个不是从小学起的，就是普通的小孩子，要学音乐，也必须从小学起；大时学起来，是学不好的。

（引自《为儿童造良好的环境》，1935 年，载《陈鹤琴全集》第二卷，第 640 页）

3

殊不知音乐的真正价值，在于我们和音乐接

触，可由节奏的美，使肉体和精神起共鸣共感，而表现出节度的行动；由和声的美，使人感到和谐，从而培养团结友爱的精神；再由旋律的美，使人感到永久的统一，从而养成统一性。

（引自《让儿童生活音乐化》，1949 年，载《陈鹤琴全集》第四卷，第 345~346 页）

4

我们知道，大凡健康的儿童，无论是游戏、走路或是休息，都本能地爱唱着歌，表现出音乐的律动。因此，我认为儿童生活离不开音乐。我们应当重视儿童音乐教育，用音乐来丰富儿童的生活，培养儿童的意志，陶冶儿童的情感，使儿童能够表现真实的自己，导向于创造性的发展。

（引自《让儿童生活音乐化》，1949 年，载《陈鹤琴全集》第四卷，第 345 页）

5

我们要将音乐的生气和兴味，渗透到儿童生活中去，使儿童无论在学习、游戏、劳动时，都能有意志统一、行动合拍、精神愉快的表现，使儿童生活音乐化。

（引自《让儿童生活音乐化》，1949 年，载《陈鹤琴全集》第四卷，第 346 页）

6

有的人唱起歌来，用喉音的，声音从喉咙里榨出来的。要校正这错误，你应当唱给他听两种声音，一种从胸部腹部发出来的，一种从那喉咙里榨出来的。小孩子听见了这两种不同的声音，就能明白声音应当怎样发的。假使你不用这种比较的方法去教他，你也不唱给他听，只单教他不要从喉咙榨出声音来，你尽管说，尽管骂，他还是不懂的。但是你把两种声音一比较，他就能听出好坏来了。这样小孩子学起音乐来就便当得多了。

（引自《活教育的教学原则》，1948年，载《陈鹤琴全集》第五卷，第076页）

7

欣赏指导是让儿童由听觉所感到音乐的节奏、和声、旋律等，而引起儿童对音乐、歌曲有自发的要求的一个教学过程；再由音乐、歌曲来表现儿童的情感，并使儿童的情感通过音乐的洗炼，而得到至精至纯的陶冶，以至引导儿童以快活的精神来创造自己的生活。

（引自《让儿童生活音乐化》，1949年，载《陈鹤琴全集》第四卷，第346页）

8

在故事里面穿插很生动的歌曲，做教师的或是做父母的，可以把故事讲一段，唱一唱，再讲一段，再唱一唱。同时小孩子听了故事，也可以跟着唱唱。这种教学是活的，是有声有色的，是适合儿童心理的。

（引自《〈四季故事唱歌集〉序言》，1934年，载《陈鹤琴全集》第四卷，第347页）

怎样发展艺术教育

1

环境艺术化。爱美是儿童的天性。当儿童跑到一个优美的环境里面，看看四周是苍翠的树木，鲜艳的花卉，还有各种有趣的小动物，又有美丽的图片，试想他会不会发生一种美感和愉快的情感？是不是陶冶了他的性情和心灵？

（引自《怎样做人民的幼稚园教师》，1950~1951 年，载《陈鹤琴全集》第二卷，第440页）

2

做教师的人要指导儿童欣赏自然的美，注意劳动人民的劳动歌声和动作，使儿童从大自然中，从劳动社会里体会到自然的雄伟壮丽和劳动人民的伟大，从而对劳动和自然发生浓厚的兴趣。

（引自《怎样做人民的幼稚园教师》，1950~1951 年，载《陈鹤琴全集》第二卷，第440页）

3

用诗歌、图画、音乐、舞蹈、各种手工等，发展儿童的创造性。幼稚园的小朋友常常喜欢用图画、诗歌或音乐来表达自己的情感。做教师的应该鼓励儿童创作，以发展他的创造性，发展他的艺术天才。

（引自《怎样做人民的幼稚园教师》，1950~1951年，载《陈鹤琴全集》第二卷，第440页）

4

从前的艺术教育太注重技能，现在的艺术教育是注重儿童的个性、儿童的天真、儿童的创作。但是艺术的技能，究竟要不要教儿童，这是一个很重大的问题。儿童若是没有相当的技能，断画不出很好的作品。艺术是一定要教的，倘使不教而让儿童自己去瞎摸，那是太不经济了。我们人类所有的经验，是应当利用的。不然让儿童自己去瞎摸，就是摸了一辈子顶多不过像初民时代的作品罢了。

（引自《创造的艺术》，1930年，载《陈鹤琴全集》第四卷，第088~089页）

5

技能应当什么时候开始教，应当怎样教，这是我们研究教育的应当解答的。大概在九岁十岁以前，要注重想象一方面，就是注重儿童天真的作品，就是尊重儿童的个性；那时候儿童自己所要发表的，也不过是发挥他自己的意思，至于画得像不像，他是不管的。但是到了九岁十岁以后，他自己觉得许多意思而不能用艺术工具发表出来；

在那时候，我们就可以乘机慢慢地教导他，可是不能过分的注重艺术技能，而忽略思想；也不要只顾收效，而不顾儿童能不能够领会你的教法。所以我们要教他艺术的时候，要顾到他们的能力，所谓"循循善诱"、"因材施教"是了。

（引自《创造的艺术》，1930 年，载《陈鹤琴全集》第四卷，第 089 页）

第六编

怎样做教师

怎样做幼稚园教师

1

幼稚园的教师不是私塾的先生。私塾的先生是很尊严的，儿童对于先生是很害怕的；因此儿童大半不愿意进馆去受这种拘束，由此师生之间就有许多的隔膜，以致先生教起来不容易教，学生学起来也不容易学。

（引自《我们的主张》，1927 年，载《陈鹤琴全集》第二卷，第 083 页）

2

若是教师如同学生的朋友一样，与学生非常地亲近，同同学玩，那么，教师就容易明了各个学生的性情能力，教起来就容易引导，学起来也容易听从了。所以我们主张幼稚园的教师应当做儿童的朋友，同游同乐的去玩去教的。

（引自《我们的主张》，1927 年，载《陈鹤琴全集》第二卷，第 083 页）

3

一个教师如果像工头一样站在学生的旁边，指挥这个，命令那个，而自己却十指不沾。这是顶坏的现象，也是顶笨拙的教学方法。如果你要了解儿童的个性和兴趣，明了儿童的能力和情感，自己一定要参加到儿童的队伍里面去，共同游戏，共同工作。

（引自《怎样做人民的幼稚园教师》，1950~1951年，载《陈鹤琴全集》第二卷，第439页）

4

儿童从母亲的怀抱走到教师的身边，从熟悉的环境走到陌生的环境，这在他的情感上会引起很大的波动。在这个时候，他很需要人关心他，爱护他，使他不觉得从家庭走进幼稚园，像是失去依靠似的觉得孤单、寂寞。因此，教师一定要跟儿童建立友谊，使儿童觉得你是他的朋友、他的伴侣，他很信赖你。

（引自《怎样做人民的幼稚园教师》，1950~1951年，载《陈鹤琴全集》第二卷，第441页）

5

对于如何使儿童适应新环境，一方面是保教工作人员要懂得儿童心理，并对儿童所发生的问题，加以调查和研究，再与家庭取得联系，采取正确的方法，帮助儿童适应新的环境；另一方面，要充实幼稚园的设备，设置丰富的教育环境和游戏环境，使儿童在各种活动当中，对幼稚园发生亲切的感情，进而得到启发，得到教育，使儿童深深地体验到幼稚园是他们的乐园。

（引自《如何使幼稚生适应新环境》，1951年，载

《陈鹤琴全集》第二卷，第454~455页）

6

一个热爱儿童的教师，他是会全心全意地为儿童谋幸福，继续不断地改进自己的工作的。反之，一个不热爱儿童的教师，他是不会时时刻刻想到应该如何指导儿童生活，如何使儿童得到更合理的教养的。所以热爱儿童，是做一个优秀教师的起码条件。

（引自《怎样做人民的幼稚园教师》，1950~1951年，载《陈鹤琴全集》第二卷，第443页）

7

要了解教师本身的品质是养成儿童品格的重要因素。教师的一言一语、一举一动，无形之中都会深刻地影响儿童的。所以，做一个好的教师一定要具有优良的品质，处处以身作则，这样才能养成儿童良好的品格。

（引自《怎样做人民的幼稚园教师》，1950~1951年，载《陈鹤琴全集》第二卷，第437页）

8

对于一个满面笑容的教师，大家都会喜欢。如果成天板着一副面孔，要跟他人建立良好的关系就不太容易。

（引自《怎样做人民的幼稚园教师》，1950~1951年，载《陈鹤琴全集》第二卷，第442页）

9

幼儿教育是研究儿童身心发展的一门科学，研究的对象是天真活泼的儿童。只有热爱儿童，接触儿童，了解儿童，才能教好儿童。做父母的都爱孩子，孩子也爱父母；父母应该了解孩子，有责任教育好孩子。所以，男女都可以来当儿童的教师，都可以从事幼儿教育。

（引自《男同志照样能当幼儿教师》，1980年，载《陈鹤琴全集》第六卷，第359页）

10

健全的身体是一个人做人做事做学问的基础，所以做教师的要时时刻刻注意心身两方面的健康。

（引自《怎样做人民的幼稚园教师》，1950～1951年，载《陈鹤琴全集》第二卷，第443页）

11

要掌握教学技术：

1. 能讲动听的故事。
2. 能编歌谣谜语。
3. 能画图。
4. 能做手工。
5. 能唱歌。
6. 能奏一种乐器。
7. 能种花种菜。
8. 能玩简单的科学把戏。
9. 能布置教室。

10. 能做点心和烧菜。

11. 能做初步的急救工作。

（引自《怎样做人民的幼稚园教师》，1950~1951 年，载《陈鹤琴全集》第二卷，第 441~442 页）

12

一个教师如果没有耐心，不爱儿童是不行的。有耐心才会仔细地研究问题，才会慢慢地克服困难，而达到目的，完成任务。爱儿童才会很好地带领儿童，教养儿童。因此，做幼稚园教师起码的条件是要有耐心，要爱儿童，尤其在解决儿童各种问题上更要具备这个条件。

（引自《如何使幼稚生适应新环境》，1951 年，载《陈鹤琴全集》第二卷，第 454 页）

13

儿童心理学方面告诉我们，3 岁的小孩就知道爱与恶；同样一个小孩，有的人去抱他，他会哭；有的人去抱他，他会笑，这就是因为各个人爱护小孩的心理不同。冷酷的人，是孤独的；和蔼的人，会有很多的朋友。

（引自《怎样做一个理想的教师》，1939 年，载《陈鹤琴全集》第四卷，第 242~243 页）

14

对学问要做到"学习，学习，再学习"。

（引自《怎样做人民的幼稚园教师》，1950~1951 年，载《陈鹤琴全集》第二卷，第 444 页）

怎样做小学教师

1

小学教师一定要懂得儿童心理，中学大学教师一定要懂得青年心理和群众心理。不了解心理的人，从事训导工作，是一定会失败的。

（引自《训育的基本问题》，1946 年，载《陈鹤琴全集》第五卷，第 105 页）

2

在现在经费竭蹶的中国教育界里，尤其是在设备不完全的小学校里，改造环境的精神，是优良的小学教师一定要有的。我们要利用日常的用具，来改造成为教具。

（引自《一个理想的小学校》，1928 年，载《陈鹤琴全集》第四卷，第 033 页）

3

小学教师要有农夫的身手，要亲自去做。假使不是如此，不能以身作则，示范儿童，感化儿童，也很难收教学上的成效的。

（引自《一个理想的小学校》，1928 年，载《陈鹤琴全集》第四卷，第 033 页）

4

我们小学教师，有了这种精神，慈母的性情，怀疑的态度，改造环境的精神，要亲身去做，还不是一个很好的教师么？我希望大家努力。

（引自《一个理想的小学校》，1928 年，载《陈鹤琴全集》第四卷，第 033 页）

5

我想一个理想的教师，至少要有三个条件：

一、要有健全的身体。

二、要有爱护儿童的心肠。

三、要有研究的态度。

（引自《怎样做一个理想的教师》，1939 年，载《陈鹤琴全集》第四卷，第 242~243 页）

6

总而言之，老师和学生是应当站在一条战线上的，大家向学问进攻，学习为人处世的道理。老师把学生看做自己的子弟，学生把老师当做自己的父兄。大家在校中共同生活，共同研究，共同学做人。

（引自《训育的基本问题》，1946 年，载《陈鹤琴全集》第五卷，第 105 页）

7

学校中常有"立壁角"、"面墙壁"、"站在门外"、"关夜学"这些罚则，还有罚学生抄书几遍，读书几次，甚至有罚学生停止户外运动的。这些办法都是妨害儿童的学习，违反惩戒的本旨，以不用为是。

（引自《谈谈学校里的惩罚》，1934年，载《陈鹤琴全集》第四卷，第117页）

8

活教师是一个善于引起儿童学习动机的教师。固然儿童的学习要由儿童自己来做，但如何引起儿童的学习动机，完全看教师是否有活教育的修养。

（引自《活教育的教学原则》，1948年，载《陈鹤琴全集》第五卷，第096页）

9

教初入学的儿童，应该是最有本领和最有经验的教师。照夸美纽斯的意见，无论在任何方面：仪表、行为、精神面貌，教师都应该是学生的榜样。因此，他要求诚实而勤勉的人，热爱自己天职并经常进步的人来做教师。

（引自《夸美纽斯的教育理论》，载《陈鹤琴全集》第五卷，第274页）

10

就目前教育上所发生的最严重的问题看来，在职教师如何充实自己，如何提高，的确最值得

我们重视。一个优良的教师当然第一是他自己本
身条件的优越。

（引自《活教育的教学原则》，1948 年，载《陈鹤琴
全集》第五卷，第 096 页）

11

一个优秀的教师，至少要对于所授的教材有
充分的认识，同时还要具备教学上应有的技能，
这样才能指导儿童去认识大自然、大社会。

（引自《〈女师是活教育理论的实验场所〉前言》，载
《陈鹤琴全集》第五卷，第 122 页）

12

我希望我们全体同人，抱定这样一种信念，
我在这里不是教书，而是教孩子们怎样做人，这
是今天天经地义的第一条。

（引自《在上海女师全体教职员会上的一次讲话》，
1948 年，载《陈鹤琴全集》第五卷，第 123 页）

13

教师决不能自己做，一定要让孩子做，否则
只有失败的一条路！教师不能守旧，一定要改变
态度，接受新的教育理论并加以实施。

（引自《在上海女师全体教职员会上的一次讲话》，
1948 年，载《陈鹤琴全集》第五卷，第 123 页）

14

最可怕的，就是做老师的，对于教学的事情

认为没有什么问题，以为"教书"是一件最容易做的事。其实各种教学方面的事情都会有问题的，而他竟茫然不知，这是何等的危险！但如果只觉得有困难，只觉得有问题，而不去解决，那也是没有用处的。

（引自《〈儿童教育〉二卷三期卷头语》，1930 年，载《陈鹤琴全集》第四卷，第 043 页）

15

我以为普通的儿童都是好的，儿童所以会不大好，大半是教员教得不好，不是儿童学得不好。但普通的教员往往迷信儿童所以不好，是因为儿童的根性不好，把自己肩头上的一切责任都一起堆在儿童的肩头上！

（引自《小学教育问题》，1930 年，载《陈鹤琴全集》第四卷，第 050 页）

16

教育是随社会而变迁的，是因时令而转移的，是时时刻刻在那里变化的。所以以前的教材教法，因时代的关系而脱离需要。然而有些任事多年的教员，五六年来已成习惯，成见已深，墨守成法毫不知改进，这是何等危险！凡我教员们，一定要有怀疑的态度，研究的精神，以谋教材教法的改进，然后教育才有进步的希望。

（引自《一个理想的小学校》，1928 年，载《陈鹤琴全集》第四卷，第 032~033 页）

17

教师的学问尽管怎样的好，教授无论怎样认真，而他的态度不好，儿童收得的效果，总是很少，因为活泼的儿童，见了很怕的老师，不会发生好感，学习也不会发生兴趣。所以教师一定要有慈母的态度，热烈的心肠，对待学生如儿女一样，那么教师与学生、儿童间自然会产生感情。

（引自《一个理想的小学校》，1928年，载《陈鹤琴全集》第四卷，第032页）

18

我希望每位教师不要轻视自己，不要把自己的一生看得这样渺小，而是应该发挥才能，认清自己的力量和目标，起来改造现教育制度，正像我们今天要培养中国儿童与世界各国的儿童通讯，以造成有世界观的儿童一样。

（引自《在上海女师全体教职员会上的一次讲话》，1948年，载《陈鹤琴全集》第五卷，第124页）

19

小学教师，也是一种专业，预备将来做小学教师的师范生，自不得不经过专业化的训练。所以，实习在师范学校里，不但不能轻视，而且无疑地是专业训练上一种切要的过程。

（引自《新实习》，1936年，载《陈鹤琴全集》第五卷，第129页）

20

教育上有种种问题与主张，在缺乏经验者视之，往往是淡而无味，因而研究时不会有多大的兴趣。实习可以弥补这一种缺点。在实习时，可以使学生亲炙实际，尝到实际困苦的滋味，于是一举手，一投足，无处不感觉有研究的意义了。并且学生从实习中得以知道，教育者应该有忠于职务、富有研究、勇于任事的习惯。所以，实习又能够增进学生将来服务的信念。

（引自《新实习》，1936 年，载《陈鹤琴全集》第五卷，第 129 页）

21

小学里的好教师，不仅要教课好，还要把儿童训练得好，同时，更需知道怎样教导学生的方法。

（引自《新实习》，1936 年，载《陈鹤琴全集》第五卷，第 157 页）

22

教书实在是一桩不容易的事体。做教师的不但要热心教，而且对于所教的功课要有切实的研究，不但要有充分的预备，并且要明了学生的心理与程度而施以相当的教法。

（引自《英文是否应当这样教的》，1926 年，载《陈鹤琴全集》第五卷，第 201 页）

23

教师必须知道学生的程度，并且常常考查他们的成绩。究竟我所教的，他们懂不懂，我所采用的方法，有没有效果，他们的学业究竟有多少进步？

（引自《英文是否应当这样教的》，1926 年，载《陈鹤琴全集》第五卷，第 205 页）

24

做教师的应该拿"决不灰心"这四个字作为座右铭。如果在工作当中遭遇到任何困难，便可以拿这四个字来鼓舞情绪，振作精神，努力克服困难，达到目的，实现自己的理想。

（引自《怎样做人民的幼稚园教师》，1950～1951 年，载《陈鹤琴全集》第二卷，第 444 页）

25

一个理想的教师，第一要有健全的体格，良好的心境；第二要有爱护小孩的心肠，认识小孩的个性；第三要有研究的态度，要能多方采取新的教材与教法。对于一切，要假定它是错的，然后用证明的方法，找出对的地方，那才是真对。

（引自《怎样做一个理想的教师》，1939 年，载《陈鹤琴全集》第四卷，第 244 页）

26

一个理想的教师，体格要健全。怎样立，怎

样走，小孩子看了你，都会模仿你的姿势，所以教师的立与走，都要做小孩子的榜样，不但在教室如此，就是平常也当这样。身体的健康与否，会影响到情绪的优劣，一个人有了好的身体，才能得到快乐，小孩子常常笑容满面，就是他们的身体好。

（引自《怎样做一个理想的教师》，1939 年，载《陈鹤琴全集》第四卷，第 242 页）

27

对于教师的发音也非常重要。声音不一定要很高，声音太高了，结果使小孩子的血液时常在激动，并且会过分刺激他们的神经。不但讲的声调要适宜，对于措词，也该得体，同样一句话，只要你措词得体，就会动听。

（引自《怎样做一个理想的教师》，1939 年，载《陈鹤琴全集》第四卷，第 242 页）

28

做一个教师，一定要能爱护儿童。假定没有爱护儿童的心肠，虽你"满口珍珠"，但结果仍会和儿童格格不入。

（引自《怎样做一个理想的教师》，1939 年，载《陈鹤琴全集》第四卷，第 242 页）

29

教师对于儿童，不能有歧视的态度，普通的

教师，往往对于清洁的儿童都很喜欢；对于不清洁的儿童，就很厌恶，这是不对的。我们要把孩子都当做我们自己的孩子，要一视同仁，有了这种心肠，小孩就会受到你的感动，我认为做教师的，这是最重要的条件。

（引自《怎样做一个理想的教师》，1939年，载《陈鹤琴全集》第四卷，第242页）

30

我们除了爱护小孩以外，更要认识小孩。因为我们的对象，不是抽象的人，我们对于每一个学生的能力、性情，以及家庭状况，都要了解清楚。

（引自《怎样做一个理想的教师》，1939年，载《陈鹤琴全集》第四卷，第243页）

31

教师没有研究的态度，就难收到良好的成效。

（引自《怎样做一个理想的教师》，1939年，载《陈鹤琴全集》第四卷，第243页）

32

我记得陶行知先生说："宇宙的一切，都是教材，有许多教师拿一本死书，把自然的活的教材，都遮没了。我们要把书本抛在旁边，张大眼睛去看看世界。"这样才算是一个理想的教师。

（引自《怎样做一个理想的教师》，1939年，载《陈鹤琴全集》第四卷，第244页）

33

要重点改进讲授方法。讲授不仅要有明确的目的，严密的系统，而且要注意语言精练，运用直观原则，适应学生接受水平。

（引自《统一思想 整齐步伐 保证本学期中心工作的胜利完成——在南京师范学院开学典礼上的讲话》，1955 年，载《陈鹤琴全集》第五卷，第 240 页）

34

在各种教学形式中必须注意培养学生独立工作能力，经常通过习题课、课堂讨论、实验等了解和分析学生学习情况。教师要多启发学生独立思考，独立工作；同学们要克服依赖教师的思想。

（引自《统一思想 整齐步伐 保证本学期中心工作的胜利完成——在南京师范学院开学典礼上的讲话》，1955 年，载《陈鹤琴全集》第五卷，第 240 页）

35

我们都知道，教师的工作是直接影响着成千成万的学生，而间接又由这些学生来影响更多的人。教师的影响既如是之大，所以凡是做教师的，谁都应该做一个成功的教师。

（引自《谁是成功的教师》，1949 年，载《教师进修》创刊号）

36

一个教师，他整天的跟学生生活在一块，一

言一语，一举一动，无形之中，学生都受着莫大的影响。所以有人说，学生是教师的一面镜子，教师的行为习惯、学养人格，都可以在学生们的行为上反映出来。因此，一个教师如果希望学生有好的表现，自己一定先要有好的表现。

（引自《谁是成功的教师》，1949年，载《教师进修》创刊号）

37

无疑的，我们需要一种量尺。一个教师可以用它来度量自己的成就，量出的结果，就是他成功或失败的最好的标记。而且，我们还可用以作自我检讨，找出自己的优点和缺点。

（引自《谁是成功的教师》，1949年，载《教师进修》创刊号）

师范教育

1

谁都知道师资的重要，提到师资二字，就要联想到师范教育。因为师范教育是一般师资的出产处，也就是教育进行中的船舵。简言之，师范教育好，造的师资也好；师资既然好，办的教育就不会不好了。

（引自《师范教育的根本问题》，1928年，载《陈鹤琴全集》第五卷，第026页）

2

现在大家都在关心教育质量问题。如何提高教育质量呢？关键在于提高老师的水平。老师的水平不高，教育质量就没法提高。因此，在调整、改革过程中，首先要把师范教育办好。

（引自《老骥的心愿》，1979年，载《陈鹤琴全集》第六卷，第290页）

3

好的师范教育，决计不是纸上空谈所能奏效的。必须要实事求是，在事实上去用功夫才好。否则犹如在陆地上学游水，一定没有效果的。

（引自《师范教育的根本问题》，1928 年，载《陈鹤琴全集》第五卷，第 026 页）

4

艺友制的大概意思，就是把学习与理论合而为一。就是怎样做便怎样学，怎样学便怎样教；教的法子根据学的法子，学的法子根据做的法子；先行先知的在做上教，后行后知的在做上学。凡学校有一艺之长的教师，便可招收艺友，大家共教共学共做，打破从前纸上空谈，大书呆子教小书呆子的陋习。

（引自《师范教育的根本问题》，1928 年，载《陈鹤琴全集》第五卷，第 027 页）

5

教科书我们并不反对用，不过我们要用活的教科书。比利时也有他们的教科书，可都是活的。他们的教科书是由儿童每次研究的东西记录下来的活的写实，教师选择其中最好的一篇翻印出来给大家用。

（引自《什么叫做"活的教育"》，1940 年，载《陈鹤琴全集》第五卷，第 018 页）

6

我们所需要的教科书也应当是活的，而不是在夏天来谈雪，在冬天来谈蚊子和苍蝇。不知道用又新鲜又方便的实物，而出钱去买挂图（可是还有连挂图都不知道用，只是靠口述的），我们是主张到田间去，到动物园去，到大自然界，一切的一切都是活的，都是与儿童有密切的关系，有重大价值的。

（引自《什么叫做"活的教育"》，1940年，载《陈鹤琴全集》第五卷，第018页）

7

我们认为要培养优良的国民师资，必定要改进现阶段的师范教育。但不是托诸空言就可改进，或则改头换面就算改进的。我们的主张是："师范教育一定要实验"。只有经过实验，才能获得切实的改进。

（引自《师范教育为什么要实验》，1942年，载《陈鹤琴全集》第五卷，第028页）

8

欧美新教育的学制、课程、方法等，都是适合本国的国情的。为什么能够这样呢？因为欧美各国对于实验和研究的工作素来很注重，有许多学校都是专门在做实验学制、课程、教法等工作的。例如道尔顿、文纳特卡、蒙台梭利、德可乐利种种学制及教育方法，都是经过实验才产生出来的。

（引自《师范教育为什么要实验》，1942年，载《陈鹤琴全集》第五卷，第028~029页）

9

我们看到过去的师范教育，专注书本教学，因此师范生出来服务的时候，也只会教书，以为书本教得很卖力，就算对教育尽职，其实对于儿童毫无益处，徒然养成儿童死读书和读死书的习惯。所以过去国民教育之失败，未始非师范教育之失败所使然。因此我们主张，师范学校之教学态度和习惯，要从头改过且要养成他们有多方教学的技能，富于研究实验的精神，领导儿童向大自然、大社会学习，开辟国民教育的新途径。

（引自《师范教育为什么要实验》，1942 年，载《陈鹤琴全集》第五卷，第 029 页）

10

师范生将来出去服务，不但要做儿童的导师，而且还要做民众的导师；不但要谋学校教育的发展，而且还要谋社会教育的推进；所以称为国民师资，就是这个意义。

（引自《师范教育为什么要实验》，1942 年，载《陈鹤琴全集》第五卷，第 029 页）

11

他们要教国民做人，做中国人，做现代的中国人，必先要养成他们自己是现代中国人的模范。这在原来的课程、教材及教法，是不能完全胜任的，非要把师范教育好好地实验和改善，不会有特立独行、多才多艺的国民师资出来。

（引自《师范教育为什么要实验》，1942 年，载《陈鹤琴全集》第五卷，第 029 页）

12

"国立实验师范学校"，它有两大任务：第一个任务是研究如何充实、改进现有的师范教育和国民教育；第二个任务是实验如何创造、完成未来的师范教育和国民教育。

（引自《师范教育为什么要实验》，1942 年，载《陈鹤琴全集》第五卷，第 029~030 页）

13

将现有的师范课程中教育学科的内容扩展起来，将它的职能发挥起来，还要将其他普通学科——如国文、数学、理化等科区别于普通中学的教材和教法，要使它充分表现师范课程的特性，使师范生的学习与前不同。

（引自《师范教育为什么要实验》，1942 年，载《陈鹤琴全集》第五卷，第 030 页）

14

研究师范学制，实验课程内容，如何吸收欧美教育的长处而去其短处；如何才能适合我国的国情，使学制中国化，师范课程也中国化。对于教育方法也不一味效法欧美，且要发扬我国固有教育方法的优良传统。不但可使师范教育适合我国之实际，而且使世界教育思想也受我国的影响。

（引自《师范教育为什么要实验》，1942 年，载《陈鹤琴全集》第五卷，第 030 页）

15

我们希望新师资的培养，富有劳动生产的技能，富有建设组织的能力，不但人格、行为可做人家的楷模，而且服务、为人都可做人家的榜样。不但要做一个优良的儿童教师，而且要做一个优良的社会领导者，这样重大的任务非需要实验师范学校负起来不可。

（引自《师范教育为什么要实验》，1942 年，载《陈鹤琴全集》第五卷，第 030~031 页）

16

我们这学校不同于其他学校，师范学校的老师与课程不仅要在深度上学习，而且其重心应放在学以致用的原则上。今天在学校里所学的，一定要以实际需要为主，如果与实际脱了节，学生出去就不会上课，这是今天整个中国教育的大病。我们这所学校一定不能再走这条老路，否则一定要失败。

（引自《在上海女师全体教职员会上的一次讲话》，1948 年，载《陈鹤琴全集》第五卷，第 123 页）

17

实习是专业训练上必不可少的一门功课。凡

是专业性质的学校如农校、工商、商校、法校、医校等，对于毕业的学生，都认为非经过实习这门功课不可。

（引自《新实习》，1936年，载《陈鹤琴全集》第五卷，第129页）

18

师范学校的学生，尤其应该多多注意事实，平时在学校里所获得的，无非是一些空洞的理论，所以必须在实习时，使理论与事实有互相参考的机会。这也可以说，使学生得到实地教学的经验。

（引自《新实习》，1936年，载《陈鹤琴全集》第五卷，第129页）

19

实习是使理论和计划施之于实际的活动。师范生从事实习，躬亲其事，便可求得预期的成效……

（引自《新实习》，1936年，载《陈鹤琴全集》第五卷，第130页）

20

倘若有了一个新方法究竟能行不能行，自己没有把握，便可利用实习的机会来试试看，这是实习的印证价值。

（引自《新实习》，1936年，载《陈鹤琴全集》第五卷，第130页）

21

抽象的知识和原理，可由教室内学习而得；实际的经验和能力，全由实习试验而来。学生在教育上的修养，抽象的知识和原理，固属紧要；而实际经验和能力，尤为贵重。实习就是要使知识化为能力，理想化为经验，实为师范教育的焦点。

（引自《新实习》，1936 年，载《陈鹤琴全集》第五卷，第 130 页）

22

由经验上获得的知识，是真切的知识。所以"学由于行"成为教学上的一个重要原则。

（引自《新实习》，1936 年，载《陈鹤琴全集》第五卷，第 130 页）

23

"教学做"是一件事，不是三件事。我们要在做上教，做上学。在做上教的是先生，在做上学的是学生。从先生对学生的关系说，做便是教；从学生对先生的关系说，做便是学。先生拿做来教，乃是真教；学生拿做来学，方是实学。不在做上用功夫，教固不成为教，学也不成为学。从广义的教育观看，先生与学生并没有严格的分别。

（引自《新实习》，1936 年，载《陈鹤琴全集》第五卷，第 131 页）

24

我们知道在做上教，才是真教，在做上学，才是真学。进一步说，在做上得到的知识，才是真知识。

（引自《新实习》，1936年，载《陈鹤琴全集》第五卷，第132页）

25

要"深造"还要在实际劳动锻炼中去求的，学校只能给你一些理论基础，一些专门科学知识，并给你一些求知方法，给你一把开知识宝库的钥匙。你可以拿这把钥匙通过劳动锻炼，通过实际努力去开知识的宝库。

（引自《同学们！祖国召唤你们投考高等师范学校——写给全国高中毕业同学们的一封公开信》，1954年，载《陈鹤琴全集》第五卷，第235页）

26

生活在前进，人类知识是在不断地增进，科学技术是在不断地发展，你们只顾输送知识，不管吸收，那装满了的盘子也会变成空的了。

（引自《同学们！祖国召唤你们投考高等师范学校——写给全国高中毕业同学们的一封公开信》，1954年，载《陈鹤琴全集》第五卷，第235~236页）

教师修养

1

什么是一个合格的幼儿教师呢？那就是，要具有社会主义觉悟，热爱儿童，懂得幼儿生理学、心理学和教育学的基础理论知识，熟悉各门课程的基本教材，掌握各种教学方法和技能技巧，善于领导幼儿进行游戏、劳动、娱乐等各项活动。

（引自《在晓庄师范幼师班成立会上的讲话》，1979年，载《陈鹤琴全集》第六卷，第328页）

2

我时常这样想，历史的演进到今天已经进入了一个新的阶段，教育的范围、对象与内容，都已经跳出了教室甚至于学校的门墙，投入了大自然大社会的无比辽阔的天地，因此，今日的教育工作者，不但是一个儿童的教师，而且也是一个社会的工作者和自然的征服者，今日教育工作者的任务，真是空前的重大。

（引自《教育工作者的修养》，1948年，载《陈鹤琴全集》第四卷，第326页）

3

我们觉得一个优良的现代教师，其本身的修

养，除了必须具备身体与精神的健康之外，更应当有广泛而正确的知识。他应当学习哲学，借此来健全自己的思想与工作态度；他应当学习社会科学，包括政治、经济、社会、历史等，一方面可以丰富其教学的内容，同时在另一方面，他更可以因此明了现实世界的大势与趋向以及现实社会的现象、状况，对自己生活的社会环境充分了解之后，一种现代化的中国化的新教育，才能创造出来，才能发展起来。同时他还应当学习自然科学，借以了解大自然的奥秘，从探问大自然，进而征服大自然。

（引自《教育工作者的修养》，1948 年，载《陈鹤琴全集》第四卷，第 326 页）

4

现代教师的理论修养，并不是单以武装自己的思想为终极目标。主要的，他应当把自己的正确的知识与态度，转化为儿童的知识与态度。因此，教师们除了一般的修养之外，更特别要注重到教育学术的修养，加强教育学术的认识与运用，这样来达到预期的效果。

（引自《教育工作者的修养》，1948 年，载《陈鹤琴全集》第四卷，第 326 页）

5

我们不愿墨守旧规，去贻误子弟。我们要研究所用的教材，是否适合儿童的需要。我们要研究教法，是否能够引起儿童的兴趣，启发儿童的思想，培养儿童的创造能力。我们要研究种种教学上的设施，是否合于儿童的心理。我们更要检讨以往，策励将来，把所有的教材重新估量；把所用的教法重新研讨。我们要教活书，要使儿童读活书，要使儿童对于事物发生兴趣，自动学习。

（引自《〈小学教师〉发刊词》，1939 年，载《陈鹤琴全集》第四卷，第 245 页）

第七编

怎样做父母

家庭教育的意义

1

少年中国的责任，固属诸今日之儿童，而造成少年中国的责任则属诸今日之父母，做父母的能够教育小孩子，而小孩子能够从小学好，则少年中国，即在其中了。

（引自《家庭教育》，1925年，载《陈鹤琴全集》第二卷，第606页）

2

今日之孩童即他年之成人。今日之孩童不能顾虑他人的安宁，则他年之成人即将侵犯他人的幸福。现在我们中国，自武人政客，以至行贩小卒，无论做什么事，多数人只知利己，罔顾别人。推其原因，虽非一端，然他们当孩提之时，他们的父母不教以利己利人之道，亦一大原因……做父母的要他们的小孩子将来成为有道德的人，当小的时候即需教以顾虑他人的安宁之道。

（引自《家庭教育》，1925年，载《陈鹤琴全集》第二卷，第607页）

3

普通的小孩子生来虽有种种不同之点，然大

抵是相仿佛的。饿则哭，喜则笑；见好吃好看的东西就伸手拿来，见好玩好弄的东西就伸手去玩。

然何以到后来有的会怕狗怕猫，有的敢骑牛骑马；有的身体强健，有的身体孱弱；有的意志坚决，有的意志柔弱；有的知识丰富，有的知识缺乏；有的专顾自己，有的体恤别人；有的多愁病，有的多喜乐；有的成为优秀公民，有的变为社会败类？推其原因，不外先天禀赋之优劣与后天环境及教育之好坏而已。

（引自《家庭教育》，1925 年，载《陈鹤琴全集》第二卷，第 522 页）

4

做父母不是一件容易的事，实在负有极重大的责任，惟有能好好教养儿女的人，才配得上做父母的资格。假如拿孩子做了试验品、牺牲品，那真对不起孩子。我希望做父母的人，留心我今天所说的话，教养自己的孩子，不独孩子得到幸福，父母得到安慰，就是社会、国家也要受到不少的利益呢！

（引自《怎样教小孩》，1937 年，载《陈鹤琴全集》第二卷，第 657 页）

5

我们知道，小孩子不是父母的附属品，乃是国家未来的主人。小孩子教得好，不独父母得到幸福，国家也可得到人才。所以做父母的，为自己着想，为国家民族着想，都该留心怎样教小孩的方法，来教育自己的子女。

（引自《怎样教小孩》，1937年，载《陈鹤琴全集》第二卷，第662页）

6

我愿普天下做父母的，在未做父母之前，应当自问他有没有研究过怎样教养他未来的儿童，自问他自己应当有什么资格才配做父亲，应当有什么资格才配做母亲。对于儿童的生理，对于儿童的心理，在既做了父母之后，自问是否有相当的研究，相当的了解。我们应当如何以身作则，做小孩子的模范；如何教育儿童，做一个有益于社会的分子。

（引自《怎样做父母》，1935年，载《陈鹤琴全集》第二卷，第649页）

7

对于儿童，做父母、做教师的责任，便是如何教导他们，使之成为健康活泼、有丰富知识、有政治觉悟和良好体魄的现代中国儿童、现代中国人。

（引自《儿童心理学》，1952年，载《陈鹤琴全集》第一卷，第407页）

8

做父母、做教师的这个责任是重大的。漫不

经心和敷衍塞责的作风，不但永远完不成自己的任务，而且，对于整个民族的子孙，也会种下深刻的祸害。如何建立父母与教师的人生态度？如何改变旧社会成人对儿童的不良影响？这不仅是一个教育问题而已，整个社会与制度都负有责任。

（引自《儿童心理学》，1952 年，载《陈鹤琴全集》第一卷，第407 页）

了解儿童的心理

1

然家庭教育必须根据儿童的心理始能行之得当。若不明儿童的心理而妄施以教育，那教育必定没有成效可言的。

（引自《家庭教育》，1925年，载《陈鹤琴全集》第二卷，第522页）

2

总起来说，小孩子是生来好动的，以游戏为生命的。要知多运动，多强健；多游戏，多快乐；多经验，多学识，多思想。所以做父母的不得不注意小孩子的动作和游戏。第一，做父母的应准备良好的设备使小孩子得着充分的运动；第二，做父母的应寻找适宜的伴侣使小孩子得着优美的影响。有此二者，小孩子的身体就容易强健，心境就常常快乐，知识就容易增进，思想就容易启发。

（引自《家庭教育》，1925年，载《陈鹤琴全集》第二卷，第523页）

3

总而言之，小孩子好模仿的，家中人之举动

言语他大概要模仿的。若家中人之举动文雅，他的举动大概也会文雅的；若家中人之言语粗陋，他的言语大概也是粗陋的。所以做父母的不得不事事谨慎，务使己身堪有作则之价值。

（引自《家庭教育》，1925 年，载《陈鹤琴全集》第二卷，第 523 页）

4

柏拉图说："好奇者，知识之门。"这句话是很对的。若小孩子不好奇，那就不去与事物相接触了；不与事物相接触，那他不能明了事物的性质和状况了。倘使他看见了冰，不好奇，不去玩弄，那他恐不会知道冰是冷的。倘使他听见了外面路上的汽车声，不跑出去看看，那他恐不会晓得汽车是什么东西。所以好奇动作是小孩子得着知识一个最紧要的门径。

（引自《家庭教育》，1925 年，载《陈鹤琴全集》第二卷，第 524 页）

5

不过叫小孩子做的事情不要太难；若太难，就不能有所成就；若没有成就，小孩子或者要灰心而下次不肯再做了。反而言之，若所做的不甚难，小孩子能够胜任而有成就的；一有成就，就很高兴，就有自信力；所成就者愈多，自信力也愈大；自信力愈大，事情就愈容易成功。因此自信力与成功就互相为用的了。

（引自《家庭教育》，1925 年，载《陈鹤琴全集》第二卷，第 524 页）

6

小孩子不论年纪大的小的，不论男的女的，大都喜欢野外生活，我们做父母或做教师的，虽不能十分注意到此，多少总需领小孩子到野外去玩玩才好。

（引自《家庭教育》，1925 年，载《陈鹤琴全集》第二卷，第 525 页）

7

做父母的正可以利用这种好群的心理以教育小孩子。第一，我们要使他得着良好的小朋友；第二，我们应给他驯良的动物如猫、狗、兔子等做他的伴侣；第三，我们再给他小娃娃之类以聊解他的寂寞。

（引自《家庭教育》，1925 年，载《陈鹤琴全集》第二卷，第 526 页）

8

赞许心，我们做父母的教育小孩子时应当利用的，然而不可用得太滥，一滥就失掉它的效用，反不若不用为妙。

（引自《家庭教育》，1925 年，载《陈鹤琴全集》第二卷，第 526 页）

9

小孩子学习事物需自己学习。小孩子生来好动。因为好动，他就能与事物相接触；与事物相接触，那他就知道事物的性质，他的动作能力因此得着发展。若我们代替他做，他总是学不会的。

（引自《家庭教育》，1925 年，载《陈鹤琴全集》第二卷，第 533 页）

10

因为儿童善于模仿，我们就可以利用模仿来教育儿童。好比说，我们要儿童待人接物有礼貌、有条理，那么自己在儿童面前，也应当有礼貌、有条理。不但对别人要这样，就是对儿童最好也能如此。

（引自《儿童心理学》，1952 年，载《陈鹤琴全集》第一卷，第 490 页）

11

小孩子初生时是无知无识的，他所看的、所听的和所接触的，都要印刻在他的脑海中间，而他的反应动作也是以这种现象为张本的。倘若他所听见的言语都是文雅而不粗俗的，那他将来说的话也一定是文雅不粗俗的；倘若他所看见的东西都是齐整清洁的，那他定能爱护清洁整齐的东西。所以做父母的一方面必须事事以身作则，一方面必须选择优良的环境使小孩子得到优良的刺激和印象。

（引自《家庭教育》，1925 年，载《陈鹤琴全集》第二卷，第 530~531 页）

12

我们知道，每个儿童都是喜欢奖励，不喜欢抑制的。你愈奖励他，愈肯学习，愈抑制他，愈不肯学习。愈喜欢学习，经验便愈发丰富，学习的能力，便发展得愈大。学习的能力愈增加，所学习的事情，也就容易成功，对于儿童的自信心，也就能坚强起来。不仅学习如此，任何工作无不皆然。所以，积极代替消极，确是很重要一点。

（引自《儿童心理学》，1952 年，载《陈鹤琴全集》第一卷，第 488 页）

13

养成好习惯难，养成坏习惯易。做父母或做教师的要使小孩子养成良好的习惯，在好习惯未成的时候，不准小孩子有例外的动作。

（引自《家庭教育》，1925 年，载《陈鹤琴全集》第二卷，第 532 页）

14

当儿童厌倦或情绪激动的时候，他的言语每不能跟他的思想相一致，这时，他便能发生口吃的现象。如儿童不去注意口吃，往往很快就会消弭这种口吃。成人发现儿童口吃时，应即冷静地观察其缘由，切不可惊慌失措或讥讽嘲笑。不过儿童故意模仿别人的口吃时，我们便当设法禁止。

（引自《儿童心理学》，1952 年，载《陈鹤琴全集》第一卷，第 462~463 页）

15

好问是求知之钥匙。常人的通病，就是对于儿童的好问，不予理会，甚至更厌恶儿童的好问，而斥之为饶舌，禁止他们发问。殊不知，好问实是儿童追求知识的钥匙，儿童可以借好问而获得丰富的知识与经验。

（引自《儿童心理学》，1952 年，载《陈鹤琴全集》第一卷，第 469 页）

16

吾国一般的家庭，因为缺乏良好的娱乐品，所以有以上种种不正当的娱乐产生出来。倘使有了良好的娱乐，那不正当的娱乐自然会消失于无形。苟一味禁止消极的娱乐而没有给他正当的娱乐来代替，那是无补于事的。

（引自《家庭娱乐》，1937 年，载《现代家庭》月刊，1937 年第 8 期）

家庭教育的方法

1

普通教导法的原则：

1. 对于教育小孩子，做父母的最好用积极的暗示，不要用消极的命令。

2. 积极的鼓励比消极的刺激好得多。

3. 小孩子既好模仿，做父母的一方面要以身作则，一方面还要替他选择环境以支配他的模仿。

4. 做父母的不可常常用命令式的语气去指挥他们的小孩子。

5. 做父母的不应当对小孩子多说"不！不！"事属可行，就叫他行；事不可行，禁止他行。

6. 别人做好的事情或坏的事情的时候，做父母的应当以辞色来表示赞许和不赞许的意思给小孩子听，给小孩子看。

7. 我们应当按照小孩子的年龄知识而予以适当的做事动机。

8. 待小孩子不要姑息也不要严厉。

9. 不要骤然命令小孩子停止游戏或停止工作。

10. 做父亲的应当同小孩子做伴侣。

11. 游戏式的教育法。

（引自《家庭教育》，1925 年，载《陈鹤琴全集》第二卷，第 535~547 页）

2

小孩子大概不会知道去整理他所玩好的东西的。做父母的应当常常督察他，诱导他，使他慢慢儿养成这种良好习惯。这种习惯在小时不养成，那到了年龄大的时候，还是不肯整理东西的。

（引自《家庭教育》，1925 年，载《陈鹤琴全集》第二卷，第 574 页）

3

假使你要你的小孩讲话讲得很清楚而且很有礼貌，那你在他的面前对别人说话的时候，你应当说得清楚和对别人有礼貌。比方说你的朋友递给你一件东西，你就要很客气地说："谢谢"。对于佣人，你也应当客客气气的，因为你怎样待佣人，他也就要怎样待佣人的。

（引自《儿童心理之研究》，1925 年，载《陈鹤琴全集》第一卷，第 291 页）

4

成人们！当我们受到别人的气的时候，应当仔细地想一想，针对问题，探求合理的解决，消除受气的原因，要尊重小孩子的意志，要尊重小孩子的人格，切不可拿小孩子来做出气筒！因为小孩子不是我们的出气筒。

（引自《怎样做父母》，1948年，载《陈鹤琴全集》第二卷，第696页）

5

做父母的要格外留意，因他们的一举一动，都能影响他们的儿童。做师长的，亦须"以身作则"，烟酒嫖赌，尤宜戒绝。

（引自《儿童心理及教育儿童之方法》，1921年，载《陈鹤琴全集》第一卷，第002页）

6

道德训练方法：

1. 父母要以身作则。

2. 不要任意摧残儿童的动作，施行种种消极性的束缚。

3. 利用故事以暗示儿童的动作。

4. 利用暗示。

5. 实地教导。

（引自《儿童心理之研究》，1925年，载《陈鹤琴全集》第一卷，第338~339页）

7

我们可以普遍地发现不少父母用种种惧怕的暗示来对待儿童。比如儿童哭的时候，他们便会说："野猫来了，狼来了，小宝宝不要哭，再哭狼会来把小宝宝拖走的。"有许多父母以为用言语来威吓小孩子不够，还要故意敲敲桌子、板凳，表示狼真的来了的样子。哪晓得这样的威吓，是替儿童日后情绪失常播下了种子。所以儿童哭时，父母切不可这样来威吓，以免引起他的惧怕。更忌用"父亲"的名义来恐吓儿童。

（引自《儿童心理学》，1952年，载《陈鹤琴全集》第一卷，第444页）

8

我们还看到有些父母，在雷电交作时候，就惊慌失措，连忙闭着窗户，并且紧抱小孩，要他不要做声。结果使得小孩大了也惧怕雷电。其实，雷电是自然界很美丽的现象，对较大的小孩，我们正可利用雷电的时候，启发引导他们来研究雷电的现象，提高他们对科学研究的兴趣。至于幼小的儿童，我们也决不可暗示他们，以免使他发生惧怕。

（引自《儿童心理学》，1952年，载《陈鹤琴全集》第一卷，第444页）

9

对于儿童的行走，我们必须顺应其自然的发展趋势，而后给予正确的指导，操之过急，固有害于儿童，但姑息阻止，也是会妨碍其正常发展的。总之，积极的暗示与鼓励，乃儿童行走发展的一大推动力。

（引自《儿童心理学》，1952年，载《陈鹤琴全集》第一卷，第462页）

10

关于言语教育，首先要紧的就是使儿童把学习言语作为游戏一般乐于接受。许多父母往往深恐儿童言语发展得太迟，有碍于做父母的面子，于是，每有拔苗助长的企图，勉强儿童学习说话，致使儿童对于言语发生厌恶恐惧的心理。如此，不但无益于儿童的言语发展，反而阻塞了发展的道路，这是成人们切忌之一。

（引自《儿童心理学》，1952年，载《陈鹤琴全集》第一卷，第462页）

11

小孩子每天应当替父母做一点事体，使他知道他也是家中的一个重要分子，并且也能够替父母帮忙，这是于两方面都有好处的。不过做父母的叫小孩子所做的事情，不要太易，不要太难罢了。

（引自《家庭教育》，1925年，载《陈鹤琴全集》第二卷，第633页）

12

小孩子不玩雪，则不知道雪是冷的，雪是遇热而融化的；不玩沙石，则不知道沙石是硬的；不剪纸，不敲钉，则不知道钉和纸的性质，锤和剪的用法。所以小孩子实验物质可以得到许多经验，长进许多知识。

（引自《家庭教育》，1925年，载《陈鹤琴全集》第二卷，第634页）

13

我们要晓得常识缺乏的人大概是不会有什么作为的，而且对于他自己做人也是很吃亏的。所以做父母的应当常常带小孩子到街上去看看，以丰富他的知识，以增进他的经验。

（引自《家庭教育》，1925年，载《陈鹤琴全集》第二卷，第630页）

14

所以凡是小孩子可以做的事，不妨教他们自己做；凡是小孩子可以帮助别人的事，不妨教他去帮助人。不要太溺爱儿童，不要使儿童安逸，而要使儿童如何得到真正的快乐。

（引自《怎样做父母》，1935年，载《陈鹤琴全集》第二卷，第652页）

15

清早大便，是使我一生享受健康最重要的卫生习惯。这个习惯是从小就养成的，到今天还是牢不可破呢。我们人生疾病，恐怕十分之四五是由积食结便而来的。……一鸣从小就养成了清早大便的好习惯。从这个好习惯，他一生就享受不尽了。我愿你们个个像我一样，像一鸣一样，得着这种无上的幸福。

（引自《我的半生》，1941 年，载《陈鹤琴全集》第
六卷，第 511 页）

16

儿童每日的起居饮食，必须要有一定的钟点；
饮食的分量，要有一定的多寡；不可或早或晚，
也不可过多过少，致儿童腑脏的收缩，血液的运
行，失其常度，妨害身体的发育。至于零星杂食，
尤不可随便乱吃，这也是做父母的必须忠实地遵
守执行的。

（引自《和做父母的谈几句话》，1928 年，载《陈鹤
琴全集》第二卷，第 644 页）

17

小孩子的脑筋很简单，我们起先不应用抽象
的事体去教他的。比方我们要教他"顾恤他人"
这一个美德，我们不应单单对他说："做人不要
专为自己，应当体贴别人，顾恤别人，假使别人
生病的时候，你应当轻轻地出入，不要乱吵使得
病人烦恼不安。"这种抽象的教法小孩子是不会
懂的。我们应该当家中有人生病的时候，实地施
教的。那时候，我们做父母的一方面自己要示范
给他看，一方面要他实行体恤病人的意思。比
方，他的小妹妹生病了，做父母的自己先讲话声
必低，走路步必轻，然后教他也要低声轻步。这
样一来，他就了解体恤的意思了。

（引自《家庭教育》，1925 年，载《陈鹤琴全集》第二卷，第 531 页）

18

事属可行，就叫他行；事不可行，禁止他行，这是做父母的对待子女正当的办法。倘使不论事情的可否，竟一味去禁止他，那么小孩子茫然竟不知措手足了。

（引自《家庭教育》，1925 年，载《陈鹤琴全集》第二卷，第 540 页）

19

我们教小孩子当折其衷：一方面予以充分机会以发展自动的能力和健全的意志，一方面限以自由范围使他不得随意乱动，以免侵犯他人的权利。教育若能如此折衷施去，小孩子未有不受其惠的。

（引自《家庭教育》，1925 年，载《陈鹤琴全集》第二卷，第 543 页）

20

当儿童已具有行走的能力的时候，成人应当给以行动的机会与自由。行走的活动，是从爬行、站立诸种动作发展而来的。假使儿童失去了爬行、站立或初步尝试行走的机会，那么，对于行走的发展，自然会遭受很大的阻碍。

（引自《儿童心理学》，1952 年，载《陈鹤琴全集》第一卷，第 454 页）

怎样做父母

1

我们做父母的，不要以爱子女之心太切，而对于玩物之优劣毫不加考虑，凡小孩子看见喜欢的就买给他玩。要知道玩物是有好有坏的。好的玩物固能激发思想，启迪知识，强健身体，培养美感的；但坏的玩物是要发生危险而束缚思想的。所以，做父母的购买玩物的时候应慎重一些才好。

（引自《家庭教育》，1925 年，载《陈鹤琴全集》第二卷，第 581 页）

2

小孩子忽而笑忽而哭，是很容易感受外界刺激的。我们做父母的需要支配他的环境，使他所接触的环境，都可增加他的快乐，而减少他的痛苦。物质环境中除了饮食之外能够使他快乐的恐怕要算音乐了，音乐能陶冶性情，增进快乐，实为家庭中最不可缺少之物。

（引自《家庭教育》，1925 年，载《陈鹤琴全集》第二卷，第 595~596 页）

3

至于小孩子的胆大不大，勇敢不勇敢，大概

要看做父母的怎样教的。做父母的自己怕这样，怕那样，哪里能望小孩子勇敢呢？若要小孩子胆大，一方面做父母的要以身作则，一方面要施行良好教育，以打消小孩子已有的惧怕和避免未来的惊吓。

（引自《家庭教育》，1925 年，载《陈鹤琴全集》第二卷，第 596 页）

4

做父母的，真正爱子女，不应当偏爱子女，不应当偏憎子女，需以公平正直的手段对待子女。

（引自《家庭教育》，1925 年，载《陈鹤琴全集》第二卷，第 597 页）

5

需知在小孩子面前，做父母的意见不合，不仅使小孩子无所适从，而且会引起他轻视父母之心，所以对于教育小孩子，做父母的不应当在小孩子面前取不统一的态度。

（引自《家庭教育》，1925 年，载《陈鹤琴全集》第二卷，第 598 页）

6

做父母的要使得子女畏敬，并不是以严厉而能够得到的，需要在行为上举动上处处能够使做子女的佩服你、尊敬你，那么做子女的就不约而同地会畏敬你了。倘使做父母的行为乖张，举止轻狂……那么即使你天天打他们，骂他们，他们也不会畏敬你的。

（引自《家庭教育》，1925 年，载《陈鹤琴全集》第二卷，第 599 页）

7

常有做母亲的既教她的小孩子作伪，还要说她的小孩子乖巧可爱，这真是何等痛心！所以要小孩子诚实，做父母的自己先要诚实，自己不诚实，小孩子断断不会诚实的。

（引自《家庭教育》，1925 年，载《陈鹤琴全集》第二卷，第 603 页）

8

做父母的教育小孩子，尤应当特别谨慎的。因为小孩子年龄幼稚，意志薄弱，很容易受教育的影响的。施以良好的教育，则将来成为良好的国民，倘施以恶劣的教育，那么将来成为恶劣的青年了。

（引自《家庭教育》，1925 年，载《陈鹤琴全集》第二卷，第 605 页）

9

同情行为在家庭里、在社会里是一种非常重要的美德。若家庭里没有同情行为，那父不父，母不母，子不子，家庭就不成为家庭；若社会里没有同情行为，尔虞我诈，人人自利，社会也不成社会了。

（引自《家庭教育》，1925 年，载《陈鹤琴全集》第二卷，第 608 页）

10

无论什么人对待长者应当有礼貌。要他们对待长者有礼貌，他们小的时候，做父母的就要留心教他们。

（引自《家庭教育》，1925 年，载《陈鹤琴全集》第二卷，第 609 页）

11

做父母的尤不应当使小孩子从小受人侍奉。凡小孩子能做的事，叫他们自己去做，保姆不过代做小孩子所不能做的事罢了。倘使件件事情都替小孩子去做，那么小孩子非但不能发达他的肌肉，而且他的虚骄之气也从此滋长了。

（引自《家庭教育》，1925 年，载《陈鹤琴全集》第二卷，第 610 页）

12

大多数小孩子是常常要作伪的，而且作伪的方法、作伪的样子是随地、随时、随事而变迁的，所以做父母的也应当用种种思考、种种方法去考察他、禁止他。倘使小孩子受父母的禁止，一次不能售其伪，以后就不敢作伪了。

（引自《家庭教育》，1925 年，载《陈鹤琴全集》第二卷，第 611 页）

13

做父母的以为小孩子年纪小，做成人的应该让他的。不知道小孩子自以为年纪小，更加要强横起来了。强横之气即成，则放僻邪侈无所不为。小则受人之辱，大则伤己之身，其害之大真"不堪设想"，等到那个时候，做父母的悔亦迟了。

（引自《家庭教育》，1925 年，载《陈鹤琴全集》第二卷，第 612 页）

14

我常看见有许多做父母的一看见小孩子做一件事情，恐怕他做不好而且费时，就叫他不要做，或者替代他做。从我们成人一方面看来，小孩子做事固然不如我们自己做来得好而且快，但从小孩子一方面看来，他不去做就不能得到做事的经验了。富贵子弟骄慢怠惰不知世事艰难，大概也是这个缘故。

（引自《家庭教育》，1925 年，载《陈鹤琴全集》第二卷，第 614 页）

15

做父母的应当利用儿童的好问心，以作教育儿童的一种良好动机。……我们做父母的不要拒绝小孩子的问难，也不要以"有问必答"的方法对付他。我们应当利用他的问难来实行我们的理想教育。

（引自《家庭教育》，1925 年，载《陈鹤琴全集》第二卷，第 634~635 页）

16

做父母的不要常常去骂他们的小孩子。……归纳起来，做父母的常常骂小孩子，其害有三：（1）失去"骂"的效力；（2）引起小孩子轻视之心；（3）引起小孩子厌恶之心。好好一个小孩子反变成一个坏孩子了。

（引自《家庭教育》，1925 年，载《陈鹤琴全集》第二卷，第 626~627 页）

17

一人自有一人的意志。做父母的不能以一己之喜怒来支配小孩子的动作，犹小孩子不能以自己之喜怒去支配他父母的动作。虽父母可以差使儿女，而子女不能差使父母，然父母亦必须尊重子女的意志，断不能以一己之意志为意志，而驱使子女像牛马一样。

（引自《家庭教育》，1925 年，载《陈鹤琴全集》第二卷，第 627 页）

18

小孩子大概不愿意听命令式的话的。所以做父母的，非有充分的理由，不必用命令式的口气来指挥孩子的。……若有时小孩子应当做的事情，你一定要叫他去做的，不要因为他不肯去做，就不叫他去做了；至于命令一出，那无论如何要小孩子服从的，不过我们要郑重我们的命令，我们不要随随便便乱出的，而且最好要使小孩子明白我们的命意。这样，小孩子就变成优美驯良，不至于无故违反父母的意思，而父母也不至于无故受累受气了。

（引自《家庭教育》，1925 年，载《陈鹤琴全集》第二卷，第 539 页）

19

"环境"两字，普通是指儿童所接触的那些静的、呆板的物质。其实，凡是可以给小孩子刺激的，都是他的环境，一切物质是他的环境，人也是他的环境，而且人的环境，比较物的环境还要重要。

（引自《为儿童造良好的环境》，1935 年，载《陈鹤琴全集》第二卷，第 637 页）

20

为小孩子应该造怎样的良好环境？

一、游戏的环境。

二、劳动的环境。

三、科学的环境。

四、艺术的环境（音乐的环境、图画的环境、审美的环境）。

五、阅读的环境。

（引自《为儿童造良好的环境》，1935 年，载《陈鹤琴全集》第二卷，第 637~641 页）

21

所以，要小孩子喜欢阅读，我们的家庭，我们的社会，必定要先有阅读的环境。在家庭里，做父母的，自己一天之间，总要看看书，看看报；对于小孩子，我们也应当买给他各种相当的儿童读物。开始的时候，做父母的还应当好好地指导他，引起他的兴趣，使他喜欢阅读哩。

（引自《为儿童造良好的环境》，1935 年，载《陈鹤琴全集》第二卷，第 641 页）

22

一个贤明的母亲是应当详细地启发儿童利用他的发问而进行教育工作，即使自己不知道，也应该老实地告诉他，我不晓得，或者要他去问爸爸或哥哥。我们不但是有问必答，而且，最好的是要常常带儿童出去看看外面的情形，借以激发他的好问心来丰富他的知识与经验，在生活中来教儿童，实是一种最好的教育方法。

（引自《儿童心理学》，1952 年，载《陈鹤琴全集》第一卷，第 489~490 页）

23

各样的小孩子，我们处理应用各样的方法。顽皮的小孩子我们不应当讥笑他，我们应当鼓励他。愚笨的小孩子，我们不应当羞辱他，我们应当体谅他，帮助他。要晓得所谓"顽皮愚笨"的小孩子，我们要问他是不是真正顽皮，真正愚笨。有时候小孩子何尝顽皮，何尝愚笨。这都是教师教导的不得法，或者是父母教养不得法而已。

（引自《怎样做父母》，1935年，载《陈鹤琴全集》第二卷，第651页）

24

小孩子应有浇花的机会。……小孩子若没有受过教育，见花卉就任意乱采。若从小就教他爱护花卉，那长大也必爱护花卉的，这是浇花的第一好处。小孩子对于花木本是不知道的，现在若我们教他天天浇水，他就慢慢儿晓得花木一天一天地能长大起来，也晓得花木必须依赖水而生活。这种知识可从浇花动作得来。这是浇花的第二个好处。小孩子浇花的时候，我们可以教他花卉的颜色和花卉的名字以及花卉的结构。这是浇花的第三个好处。从这三种好处看来，浇花确是一种很好的动作，做父母的岂可不注意呢？

（引自《家庭教育》，1925年，载《陈鹤琴全集》第二卷，第586~587页）

25

小孩子作伪是由父母养成的。……所以要小孩子诚实，做父母的自己先要诚实，自己不诚实，小孩子断断不会诚实的。

（引自《家庭教育》，1925年，载《陈鹤琴全集》第二卷，第602~603页）

26

我们现在要改正三种错误的念头，第一，要把小孩看做小孩，不可妄想缩短他做小孩的时期，不可剥夺他在小孩时期中应该享受的权利。第二，要尊重小孩的人格，不可把他当做资产看待，自私的爱，算不得真爱，惟独不自私的爱，才能算得真爱。要知道教养儿女，乃是父母应尽的责任，你能培植小孩，那便是为国家尽忠，为人类服务。第三，要打破自己的成见，遇见什么问题发生，应该虚心研究，是否孩子的错。就是孩子的错，也是自己的错，不可冤枉孩子。

（引自《怎样做父母》，1937 年，载《陈鹤琴全集》第二卷，第 656 页）

27

年轻的父母：你不是要你的小孩子长得顶胖顶壮吗？你知道怎样会使你的小孩子长得顶胖顶壮呢？我想有四个条件：第一，营养要好。第二，日光、空气要充足。第三，睡眠要充分。第四，排泄要舒畅。

（引自《怎样做父母》，1937 年，载《陈鹤琴全集》第二卷，第 666 页）

28

你要小孩子怎样做，你自己先要怎样做。你要小孩子怎样待人，你先得自己怎样待人。小孩子是你的镜子，你的一举一动，都在小孩子的镜子里可以反映出来的。

不仅言语行动，你要以身作则。就是你的态度，你的思想，也要以身作则。你是一个悲观的人，看事物都用悲观的眼光去看，那小孩子的态度也一定是悲观的；若你的态度是乐观的，那小孩子的态度也是乐观的。

（引自《怎样做父母》，1947 年，载《陈鹤琴全集》第二卷，第 673 页）

29

做父母的应当明了自己的责任。你们的责任，是帮助小孩子生活，是帮助小孩子自立，是帮助小孩子做人。

（引自《怎样做父母》，1947 年，载《陈鹤琴全集》第二卷，第 676 页）

30

因为每一个人都有他所宝贵的生活经验与学识的。不要错过一切学习的机会。这讲的是指导小孩子求学的基本态度。

（引自《怎样做父母》，1948 年，载《陈鹤琴全集》第二卷，第 692 页）

31

家庭破裂的确影响儿童非常之大，非常之重。

（引自《美国儿童犯罪的原因分析》，1951 年，载《陈鹤琴全集》第四卷，第 373 页）

32

现在我将父子做伴侣的好处说一下。

1. 没有隔膜。做父亲的知道小孩子的性情，而小孩子也知道他父亲的性情。大家既知道性情，彼此就发生适当的反应，不会有什么恶感发生。

2. 容易训育小孩子。和小孩子常常做伴，那小孩子不好的行为，做父亲的就可以知道，就可以训育他，而小孩子因为爱他父亲或怕他父亲的缘故，就能听父亲的话而改他不好的行为。

3. 小孩子容易教育的。小孩子的知识是很缺乏的，做父亲的应当常常同他做伴侣灌输给他一点知识。

（引自《家庭教育》，1925 年，载《陈鹤琴全集》第二卷，第 545 页）

33

要打破一个坏习惯的时候，留心不要养成一个新的坏习惯。有许多做父母的也明明知道他们小孩子的坏习惯不可以长的，应当去打破它的，不应当以恶代恶的，但是他们因为疼爱小孩子的缘故，所以以坏行为而去代替小孩子的坏习惯了。语云："除恶务尽。"无论什么人的恶，都应该除去的，小孩子年龄幼稚，恶尤不可以不除。倘使因为要除去他的恶而以恶来代替它，那么去一旧恶来一新恶，除与不除相等了。这种教育是不对的。这种以恶代恶之弊，做父母的是容易犯的。所以我请做父母的大家留心点吧。

（引自《家庭教育》，1925 年，载《陈鹤琴全集》第二卷，第 599~600 页）

34

当小孩子做事的时候，做父母的应当在旁边看着他，看他能不能做那件事。他能够做那件事就让他去做；如果他不能够，那么做父母的应当帮助他以成其美。

（引自《家庭教育》，1925 年，载《陈鹤琴全集》第二卷，第 613 页）

35

怎样可以使小孩子的经验格外充分些：

原则一、做父母的应当常常带领小孩子到街上去看看；

原则二、凡小孩子能够自己做的事情，你千万不要替他做；

原则三、叫小孩子做事，不宜太易，也不宜太难，需在他的能力以内而仍非用力不可的；

原则四、不应当禁止小孩子去试探物质；

原则五、做父母的应当利用儿童的好问心，以作教育儿童的一种良好动机。

（引自《家庭教育》，1925 年，载《陈鹤琴全集》第二卷，第 630~634 页）

36

姑息儿童固然不妥当，严厉管束，同样地对儿童无益。做父母或教师的，对这一点应当有适当的调节与改进，以教育儿童来作为自己的责任。

（引自《儿童心理学》，1952年，载《陈鹤琴全集》第一卷，第488页）

37

儿童在家庭中感受印象最大，一生不能磨灭，如若父母没有受过父母教育的训练，那么儿童教育便简直无从说起。有了良好的父母教育，然后才能谈到良好的儿童教育。

（引自《以现代人的眼光谈谈家庭教育》，1934年，载《现代父母》月刊，1934年第1卷第9期）

第八编

活教育

什么是"活教育"

1

"活教育"顾名思义,就是反对已经埋没人性的死教育,反对读死书的死教育,它要摧毁传统教育的锁链,让新中国的主人,从淫威独断的痛苦深渊中解放出来。所以,活教育首先以三个目标坚定自己的信念,这三个目标即是:(1)做人,做中国人,做现代中国人;(2)做中教,做中学,做中求进步;(3)大自然、大社会,是我们的活教材。

(引自《中国战后的幼稚教育》,1947 年,载《陈鹤琴全集》第二卷,第 415 页)

2

什么是"活的教育"?简单地说一句,就是"不是死的教育"。书本主义的教育就是死的教育。

(引自《什么叫作"活的教育"》,1940 年,载《陈鹤琴全集》第五卷,第 017 页)

3

中国的教育应当和外国的教育有所畛畦,它

自有它的特性。这"做人、做中国人、做现代中国人"就是中国教育惟一的特点，不苟同于其他各国的教育目的。

（引自《活教育要怎样实施的》，1944年，载《陈鹤琴全集》第四卷，第274页）

4

我们相信，做现代中国人，必须具有健全的身体，自动的能力，创造的思想，生产的技术，服务的精神；同时我们相信，幼稚师范是在培养优良的幼稚教师具有慈母的心肠、丰富的知能，和爱的性情，研究的态度。

（引自《中国战后的幼稚教育》，1947年，载《陈鹤琴全集》第二卷，第415页）

5

为什么要讲做人呢？因为人自生至死，在他的面前一直摆着一个做人的问题。中外古今的教育家，都是非常注重做人的。孔子所谓修身、治国的道理，都是着重于"做人"，可是到了近世，教育本身变了质，以为去读书就是"受教育"，反而把做人忘记了，所以今天我特别提出"做人"以唤起人们的注意。

（引自《活教育的目的论》，1948年，载《陈鹤琴全集》第五卷，第059页）

6

大家都知道，人之所以异于其他的动物，就

因为人是一种社会的动物。自有人类历史以来，人都是过着社会生活的，人不能离开社会而独立。既然如此，人就必定在人与人之间相互发生关系，怎么使这个关系正确而完好地建立起来，以通过这个关系参与共同生活，通力合作以谋控制自然，改进社会，使个人及全人类得到幸福，便是一个做人的问题，所以活教育要讲做人，应当努力来学习如何做人，如何求得社会的进步，人类的发展。

（引自《活教育的目的论》，1948 年，载《陈鹤琴全集》第五卷，第 059 页）

7

活教育不是标新立异想自外于一般教育的主张，而是不满于传统教育的固陋和偏枯，想推动为全民幸福服务的一种教育运动。

（引自《〈活教育的创造——理论与实施〉前记》，1948 年，载《陈鹤琴全集》第五卷，第 112 页）

8

我们不愿意用高深的理论来把自己封闭于知识的宝库中间，为了攻破传统教育为教育而教育的宫墙，我们很想穿户入室，同时想打开库门，让知识和文化普遍发展，需要教育的都得受教育，要受什么教育的就有什么教育。

（引自《〈活教育的创造——理论与实施〉前记》，1948 年，载《陈鹤琴全集》第五卷，第 112 页）

9

今天，中国的社会以及世界的趋势都是复杂而多变化的，我们中国人民的生活，不论在意识上和方式上都是多样的。在今天，我们还要求读书人闭门读书，把教育的意义停留在书本或学校圈子里，这是不合公理也不可能的事。我们希望中国人民的教育是在生活上获得知识，以丰富的知识来提高生活，失去了生活的意义也就失去了教育。

（引自《〈活教育的创造——理论与实施〉前记》，1948年，载《陈鹤琴全集》第五卷，第113页）

10

我们要以自动代替被动，以启发代替灌注，以积极代替消极，以活知识来代替读死书，以爱德来代替权威。

（引自《中国战后的幼稚教育》，1947年，载《陈鹤琴全集》第二卷，第415页）

11

比利时的大教育家德可乐利，想是大家都知道的。这位老先生所从事的工作，我曾参观过的，他已经70多岁了，从事他的事业40余年如一日。他的学生从小学到初中都是分组教学，四五个人一组共同研究，共同工作，先生只在旁边指导和找参考资料，他们一天到晚是多么的忙。记得我去参观时，他们正在研究蜜蜂，大家真是聚精会神地在那里研究，讨论哪些是雌蜂，哪些是雄蜂，雌蜂和雄蜂的形状有什么不同。研究别种动物也是如此的努力，他们的教育才真是活的教育。

（引自《什么叫作"活的教育"》，1940 年，载《陈鹤琴全集》第五卷，第 017~018 页）

12

我们也要活的教育，教材是活的，方法是活的，课本也是活的。我们大家一齐振作起来，研究儿童的切身问题，为儿童谋福利。尽量地利用儿童的手、脑、口、耳、眼睛，打破只用耳朵听、眼睛看，而不用口说话、用脑子想事的教育。我们不能再把儿童的聪明、儿童的可塑性、儿童的创造能力埋没了，我们要效法狂风暴雨的精神，对教育也要用同样的手段纠正过去，开发未来。

（引自《什么叫作"活的教育"》，1940 年，载《陈鹤琴全集》第五卷，第 018 页）

13

总之，要想教好儿童，要使我们的教育是活的，不是死的，必定要懂得儿童心理。我们应该用研究的精神去改造现在所用的各种教学法。末了，我引证中国大教育家陶行知先生描写中国现在教育情形的两句警语：

教死书，死教书，教书死；
读死书，死读书，读书死。

我们必定要把它改换成：

　　　　教活书，活教书，教书活；
　　　　读活书，活读书，读书活。

（引自《什么叫做"活的教育"》，1940年，载《陈
鹤琴全集》第五卷，第020页）

"活教育"目的论

1

我们要爱国家，爱人类，爱真理，便要为国家服务，为全世界的人类服务，为真理服务，如果我们只有知识和技能却不服务于社会，只知自私自利，就失去了教育的目的。

（引自《活教育的目的论》，1948 年，载《陈鹤琴全集》第五卷，第 061 页）

2

固然中国社会落后的方面还很多，而缺乏合作精神，确是一个严重的缺陷，所以，谈做人，做现代中国人，首先应培养这种合作的态度。

（引自《活教育的目的论》，1948 年，载《陈鹤琴全集》第五卷，第 061 页）

3

既然我们要做一个世界人，便必须有世界的眼光。所谓世界的眼光，就是对世界的看法。我们要有对世界的正确的看法，必须要了解世界的事事物物，大自然是怎样在运动着，大社会是怎样在发展着。大自然大社会是与人生息息相关的。

我们不能不去认识它，了解它，惟其认识世界，才能使眼光远大，不斤两于个人的利害得失。

（引自《活教育的目的论》，1948 年，载《陈鹤琴全集》第五卷，第 061~062 页）

4

我所要讲的爱国家，是要爱我们国家五千年的光荣历史，爱我们国家的前途，爱我们国家的人民，从而担负起我们的历史任务，使我们的国家进步繁荣，日新月异，这种爱国家是与爱国家的人民结合在一起的，是与真理紧握着手的。

（引自《活教育的目的论》，1948 年，载《陈鹤琴全集》第五卷，第 063 页）

5

真理是我们爱国家爱人类的依据，不依据真理，谈不到爱。然而真理究竟是怎么一回事呢？真理不是上帝所创造的，也不是哪一个个人主观地制造出来的，而是从千百万年、千百万人的生产活动中产生出来的，是客观的，是我们的知识与客观的世界——大自然、大社会的事事物物符合一致，是千千万万人所承认和向往的。

（引自《活教育的目的论》，1948 年，载《陈鹤琴全集》第五卷，第 063 页）

6

要爱真理，要认识真理，我们必须要养成求

真的态度。事事图表面好看，骨子里面却是乱七八糟，甚至有人公然主张"一知半解""得糊涂，且糊涂"，这种态度是最不好的。

（引自《活教育的目的论》，1948年，载《陈鹤琴全集》第五卷，第064页）

7

身体不健康，对于个人而言，是一种不幸，对于国家社会而言，也是一种损失。而今日，一个中国人和世界人，他的责任实在大极了，我们应该锻炼我们的身体，使它健康，惟其有健康的身体，才能担负起现代中国与世界给予我们的任务。

（引自《活教育的目的论》，1948年，载《陈鹤琴全集》第五卷，第060页）

8

现在我们要提倡培养创造能力，并且从儿童时期培养起。儿童本来就有一种创作欲，我们只要善为诱导启发，可以事半而功倍。

（引自《活教育的目的论》，1948年，载《陈鹤琴全集》第五卷，第060页）

"活教育"教学原则

1

活教育的教学原则：

1. 凡是儿童自己能够做的，应当让他自己做。

2. 凡是儿童自己能够想的，应当让他自己想。

3. 你要儿童怎样做，就应当教儿童怎样学。

4. 鼓励儿童去发现他自己的世界。

5. 积极的鼓励胜于消极的制裁。

6. 大自然大社会是我们的活教材。

7. 比较教学法。

8. 用比赛的方法来增进学习的效率。

9. 积极的暗示胜于消极的命令。

10. 替代教学法。

11. 注意环境，利用环境。

12. 分组学习，共同研究。

13. 教学游戏化。

14. 教学故事化。

15. 教师教教师。

16. 儿童教儿童。

17. 精密观察。

（引自《活教育的教学原则》，1948年，载《陈鹤琴全集》第五卷，第066页）

2

我们的教学原则：第一，向大自然大社会去追求活教材。第二，运用做中学、做中教、做中求进步的活教法。第三，培养生产能力，是要学校农场化、工场化；学生农民化、工人化。第四，活教师要用活教法，教育活教材，才有活学生。第五，活教师、活学生，集中力量，改造环境，才有活社会。第六，我们能够自己做的，我们都自己来做。

（引自《中国战后的幼稚教育》，1947 年，载《陈鹤琴全集》第二卷，第 416 页）

3

将儿童放在适当的环境里去发展他的生活，儿童必须从直接经验中，去学习，去求知识，去求技能，去做人。

（引自《参观德可乐利学校报告》，1936 年，载《陈鹤琴全集》第四卷，第 148 页）

4

现在一般学校都是拼命扩张它的死的教育，书本主义的教育。教师只管站在讲台上讲，不管儿童懂不懂，好似皮球打气，只管拼命打，塞鸭子似的拼命塞。儿童不是皮球，更不是鸭子，而是一个有生命力和生长力的好动的小孩。我们所需要的教育，不是打气或者塞鸭子，我们是要小孩动，时刻地自动，上国语课固然要动，上算术也要动。

（引自《什么叫做"活的教育"》，1940 年，载《陈鹤琴全集》第五卷，第 017 页）

5

在学校里的一切活动，凡是儿童自己能够做的，应当让他自己做，做了就与事物发生直接的接触，就得着直接的经验，就知道做事的困难，就认识事物的性质。

要知道做事的兴趣，愈做愈浓；做事的能力，愈做愈强。

（引自《活教育的教学原则》，1948 年，载《陈鹤琴全集》第五卷，第 067 页）

6

"做"这个原则，是教学的基本原则，一切的学习，不论是肌肉的，不论是感觉的，不论是神经的，都要靠"做"的。不看花卉，不能欣赏花卉的美丽，不听音乐，不能欣赏音乐的感染力，不尝甜酸苦辣，哪会知道甜酸苦辣的味儿呢？不是胼手胝足，哪会知道"粒粒皆辛苦"呢！

所以凡是学生能够自己做的，你应该让他自己做。

（引自《活教育的教学原则》，1948 年，载《陈鹤琴全集》第五卷，第 068 页）

7

最危险的，就是儿童没有思考的机会。我们人一天到晚所做的事情，所有的活动，十之八九都是习惯。早上起来，穿衣服是习惯，吃饭是习惯，走路是习惯，写字是习惯，运动是习惯，睡眠是习惯，一切的一切，都受习惯的支配，思考的时间却是很少。

（引自《活教育的教学原则》，1948 年，载《陈鹤琴全集》第五卷，第 068 页）

8

要知道思考是行动之母，思考没有受过锻炼，行动就等于盲动，流于妄动。

（引自《活教育的教学原则》，1948 年，载《陈鹤琴全集》第五卷，第 068 页）

9

把一本教科书摊开来，遮住了儿童的两只眼睛，儿童所看到的世界，不过是一本 6 寸高、8寸阔的书本世界而已。一天到晚要儿童在这个渺小的书本世界里面去求知识，去求学问，去学做人，岂不是等于梦想吗？

（引自《活教育的教学原则》，1948 年，载《陈鹤琴全集》第五卷，第 070 页）

10

儿童的世界，是儿童自己去探讨，去发现的。

他自己所求来的知识，才是真知识；他自己所发现的世界，才是他的真世界。

（引自《活教育的教学原则》，1948 年，载《陈鹤琴全集》第五卷，第 071 页）

11

活教育不是消极的，是积极的。你不要禁止小孩子不做这样，不做那样，你要教小孩子做这样，做那样。你不要禁止乱抛纸屑，你要鼓励小孩子把地上的纸屑拾起来，丢在字纸篓里。你不要禁止小孩子在墙上乱涂，你要鼓励小孩子把肮脏的墙壁怎样刷白。你不要禁止小孩子高声说话，你要鼓励小孩子在公共场所怎样轻轻地讲话。

一切的一切，你要用鼓励的方法来控制儿童的行为，来督促儿童的求学。消极的制裁不会产生多大的效果，有时候反而容易引起他的反感呢！

（引自《活教育的教学原则》，1948 年，载《陈鹤琴全集》第五卷，第 072 页）

12

书本上的知识，是间接的知识，你要获得直接的知识，确实而经济，你应当从大自然中去追求，去探讨。

（引自《活教育的教学原则》，1948 年，载《陈鹤琴全集》第五卷，第 074 页）

13

大自然是我们知识的宝库，是我们的活教材，活教师，我们应当向它领教，向它探讨。

　　大社会何尝不是我们生活的宝库，何尝不是我们的活教材、我们的活教师呢？

　　（引自《活教育的教学原则》，1948 年，载《陈鹤琴全集》第五卷，第 074 页）

14

　　集体学习是活教育教学原则的一种方式。一个人的思想，需要有刺激，有了刺激，思想就越来越多，越来越进步。别人给我们的刺激，不一定是好的，但因别人的刺激而引起我们其他的思想，同样可以得到好处。

　　（引自《活教育的教学原则》，1948 年，载《陈鹤琴全集》第五卷，第 092 页）

15

　　我们中国人往往轻视游戏，把游戏当做顽皮的活动，小时爱游戏，大家还没有什么话说；一个六七岁的小孩，也要游戏的话，那么，人家就会骂他"没出息"。因为在他们的心目中，总认为读书的时代就不应游戏。这种把读书与游戏孤立分离的看法，完全是错误的。假如说读书只有读书，读书就不应游戏，那么，读书的生活，势必枯燥无味，哪里还谈得到进步！

　　（引自《活教育的教学原则》，1948 年，载《陈鹤琴全集》第五卷，第 092 页）

16

在教学游戏化的过程中，我们做老师的还特别要注意两个问题：

第一，要注意方法与目的的配合。游戏的方法，本来是为了要达到教学目的而运用的，忽视了这一点，就失掉了教学的意义。……因此，老师应当随时考查小朋友们的进度，以达到教学游戏化的要求。

第二，要注意多数人活动的机会。教学游戏化最容易发生的流弊，就是由极少数成绩较好的小朋友来做，其余的小朋友坐着看，这无异于剥夺了大多数儿童的学习机会。任何游戏，要使各个小朋友都能参加为准。

（引自《活教育的教学原则》，1948 年，载《陈鹤琴全集》第五卷，第 093 页）

第九编

青年修养

做一个现代好青年

1

做一个现代青年，不但自己要学好做好，不受恶环境的诱惑，并且要有坚定的意志，正确的中心思想，自助又助人。否则连自己的脚跟都站不稳，哪里谈得到"劝人行善"呢？一般人每以为社会万恶，使一般有志的青年陷入堕落的污泥中。我们不怕社会的万恶，我们也不可"独善其身"，我们要找同志，我们要组织读书会一类的团体。我们要用团体的力量来造成好的势力，推动社会，消除社会的恶势力。我们每个人要有做一座灯塔的信心，发放光明，照见自己的前途，同时又照耀他人，照耀社会，造成光明的世界。

（引自《在孤岛上怎样做个好青年》，1938年，载《陈鹤琴全集》第六卷，第236页）

2

外国人说我同胞没有团结力，叫做"一盘散沙"，殊不知沙子里的石英，加以熔炼便为最有用的玻璃，可以造望远镜、显微镜等高度文明器物。我们青年正像沙子里的石英，联结起来便是无限的力量。

（引自《在孤岛上怎样做个好青年》，1938 年，载
《陈鹤琴全集》第六卷，第 236 页）

3

总之，我们仍抱纯洁心理，不仅"自我为善"，并且有组织地推动他人，推动社会，要像童子军"日行一善"那样的精神，干种种"利他的工作"，如此，则诸位便成为无数的灯塔，而孤岛也成为光明的福地了。

（引自《在孤岛上怎样做个好青年》，1938 年，载
《陈鹤琴全集》第六卷，第 237 页）

4

做一个真正的人，他必须热爱人类，不论国籍、种族、阶级或宗教。他必须热爱真理，真理高于一切，当真理受损时，他必须不惜一切来捍卫真理。他应该以"世界一家"的思想作为人类最终目标。

（引自《活教育》，1947 年，载《陈鹤琴全集》第六卷，第 243 页）

5

在世界上还存在各个国家时，做一个中国人必须热爱自己的国家，这个拥有长期光荣历史的国家并尽力来提高中国在世界各国中的地位。他也必须热爱生长在同一块国土上有着同样命运的同胞们，他们为同一个目标，即为自己国家的兴旺发达而努力。

（引自《活教育》，1947 年，载《陈鹤琴全集》第六卷，第 243 页）

6

做现代中国人：首先，要有强壮的身体。人人都知道健康对个人将来事业有很大关系。缺乏健康，成功的一生虽非绝对不可能，亦是不大可能的。其次，他必须有创造能力，这是社会发展的主要因素。儿童有天然的创造力，如果正确地加以引导，他的创造力能对社会福利作出有益的贡献。第三，他需要有合作的精神。这在中国特别重要。在各个领域里都应鼓励互相配合和集体协作。第四，他必须有为社会服务的热情。如果一个人空有智慧与知识而不知道如何去为公众服务或帮助别人，教育将失去其应有的意义。第五，他必须心胸开阔和目光远大。

（引自《活教育》，1947 年，载《陈鹤琴全集》第六卷，第 243 页）

7

"人是一个社会动物"。这是一位知名希腊哲学家的一句话。因为人要在社会中生活，所以特别重要的是要懂得如何与别人很好地相处。一个人如果能够很好地对待他所接触的人们，他将取得成功；假如不能，那就会有相反的结果。

（引自《活教育》，1947 年，载《陈鹤琴全集》第六卷，第 249 页）

青年修养

1

经常记住别人可能是对的。……我们应当公正对待别人，也公正对待自己，应想到可能别人是对的。孔子曰："责己严，待人宽。"这是我们应当记住的格言。

（引自《活教育》，1947 年，载《陈鹤琴全集》第六卷，第 249 页）

2

经常保持乐观。……乐观的人经常快乐，他看到事物的光明面，感到他的生命的价值，生活有意义。而相反，一个悲观的人总是看到事物的阴暗面，感到失望和失去勇气。生活是由一连串复杂的社会问题所组成，不可避免地会有不幸和困难，那只有靠乐观而不是悲观地去克服。然而要能乐观有三个先决条件：（1）对事物有清楚的认识；（2）有精密的计划；（3）能不懈地努力。

（引自《活教育》，1947 年，载《陈鹤琴全集》第六卷，第 249 页）

3

经常善于运用你拥有的东西。说来奇怪，世

界上有些人不知道充分运用他们已有的东西。他们有脑子，但不会思考；他们有眼睛，但不会观察；他们有双脚，但不会走路；或是他们有钱，但不知如何恰当地去使用。……东西由于使用不当，将会退化变质。所以必须进行体育及各种锻炼，使我们身体健康，发展智慧和能力，增长知识，培养我们的性格。

（引自《活教育》，1947年，载《陈鹤琴全集》第六卷，第249页）

4

经常注意去交好朋友。……友谊的基础是信任、互爱、互尊、互助，而不是自私自利、自高自大、背后伤人，或者要诡计、欺骗别人。

（引自《活教育》，1947年，载《陈鹤琴全集》第六卷，第249~250页）

5

经常保持满足。……世界上的荣誉和财富往往不一定就是幸福。假如我们能满足于我们的所有，将可避免不少忧虑与烦恼。

（引自《活教育》，1947年，载《陈鹤琴全集》第六卷，第250页）

6

随时准备为人服务。很多人是自私的，但自私与人类的幸福是矛盾的。所以，我们必须提倡利他主义，以达到互利的目的。

（引自《活教育》，1947 年，载《陈鹤琴全集》第六卷，第 250 页）

7

经常注意鼓励。我们知道在生活中经常会遇到许多困难。假如自己有勇气和决心，我们就能克服前进道路上的一切困难，在各个方面取得胜利。

（引自《活教育》，1947 年，载《陈鹤琴全集》第六卷，第 250 页）

8

要尽其职责。……责任感需要自我牺牲与坚忍不拔的精神。所以我们应当有坚强的意志与决心去承担责任。

（引自《活教育》，1947 年，载《陈鹤琴全集》第六卷，第 250 页）

9

经常要自我克制。事实上，管束别人要比管束自己来得容易，但若不能控制自己，又怎么能去管别人呢？

（引自《活教育》，1947 年，载《陈鹤琴全集》第六卷，第 250 页）

10

经常以礼待人。假如希望别人对自己有礼貌，自己首先要以礼待人。在日常生活中，礼貌是成功的一个重要因素。我们经常需要别人的帮助，而礼貌待人常会得到别人对自己的帮助。

（引自《活教育》，1947 年，载《陈鹤琴全集》第六卷，第 250 页）

11

当你发怒时，请对着镜子看看。当你激怒时你的面孔肯定是最难看的。发怒最伤害别人的感情，要尽量克制。但是一个人要能够控制自己的脾气，确实不大容易，即使他也知道发脾气的害处。所以最好的办法，是正当要发脾气时，就去对着镜子照一照，当你见到你的"尊容"的丑相时，就会冷静下来，甚至发笑起来。这样你就会恢复理智。

（引自《活教育》，1947 年，载《陈鹤琴全集》第六卷，第 250~251 页）

12

当你对待别人要注意公正不偏，像天平秤一样。为了保持人们之间的和谐关系，对你接触的人公平对待是必要的。我们经常可以看到，朋友之间不公平对待会引起麻烦，造成不幸。中国有一句格言说："己所不欲，勿施于人。"假如我们希望别人公正对待我，那我应该先要公正待人。

（引自《活教育》，1947 年，载《陈鹤琴全集》第六卷，第 251 页）

青年的人生观

1

由于现实环境的缭乱和一部分主观上的不够努力，因此不少的人都痛感现实生活的沉闷，而对生活发生了疑问，迫切地需要建立一个健全的生活态度，希望有一个正确的人生观。

（引自《青年的人生观》，1948年，载《陈鹤琴全集》第六卷，第253页）

2

一般人对于人生的看法有两种：一种是悲观的，一种是乐观的。悲观的人对于做人做事都很消极，以为生活本没有意思，还不是那么一套，还不是过一天算一天？因此处处都表现了消沉、麻木、疲倦、观望的态度。而乐观的人对于做人做事都很积极，随时随地都在找寻真实的理想生活，循着历史的轨道去认识真理，生活在人民当中，做一个真正的人，所以他们所见的前途是善、是美的，也是光明、愉快的。

（引自《青年的人生观》，1948年，载《陈鹤琴全集》第六卷，第253页）

3

中国人有三句话，说："圣人过多，贤人过少，庸人无过。"这意思也就是说，凡事要"反求诸己"，要"躬自厚而薄责于人"，不要自己以为没有错的。我们凡事要反过来想一想，错的也许在我。

（引自《青年的人生观》，1948 年，载《陈鹤琴全集》第六卷，第 254 页）

4

怒与哀同是情绪的表现，怒是积极的情绪反应，哀是消极的情绪反应，我们不管它是积极的或是消极的情绪反应，在生理上的变化是非常剧烈的，危害也很大，所以，我们必须学会如何去抑怒制哀。

（引自《青年的人生观》，1948 年，载《陈鹤琴全集》第六卷，第 254 页）

5

所谓人生以服务为目的，所谓为大众的幸福，都明明白白告诉我们只有团体的利益，没有个人的利益；只有肯牺牲自己，在大众利益上着眼，才有真正的快乐！才有真正的幸福！

（引自《青年的人生观》，1948 年，载《陈鹤琴全集》第六卷，第 254 页）

6

谈到交朋友，有所谓"患难之交"与"酒肉之交"。患难的朋友能够在友人最困难的时候予以帮助，予以同情。酒肉朋友，在友人得意时就时常往来，非常亲密；如果朋友一旦失意，便不理他了，那时候，你是你，我是我，什么也不肯帮助。用这种态度去交朋友，是万万要不得的。我们对付朋友也应该抱"假如我是你"的态度，不然的话，怎样可以称得上好朋友呢？

（引自《青年的人生观》，1948 年，载《陈鹤琴全集》第六卷，第 255 页）

7

我们无论做人做事，都应该多从人家的实际处境想，不只是从自己的主观做出发点来想问题。这样的话，我相信，做人一定会做得好，事业也一定可以成功。

（引自《青年的人生观》，1948 年，载《陈鹤琴全集》第六卷，第 255 页）

8

很多事情都是要曲线式行进的。拿破仑攻打意大利时，经过阿尔卑斯山，将士们都畏难不敢前进，当时拿破仑说"难"字只有愚人辞典里才有，将士们受了他的鼓励，终于达到目的。这虽是拿破仑一时的豪语，但他那种不畏难的精神却是很可贵的。又如武训先生办学校的精神，实在是了不起，也值得我们效法的。

（引自《青年的人生观》，1948 年，载《陈鹤琴全集》第六卷，第 256 页）

9

我们不论做学问做事情，必须实地去实验，我国之所以事事落后，就因为一部分人把做与想分成两件事情。我们读书固然是求智的一个好方法，但除书以外的学问实在太多了，不是亲身去经历，怎能了解呢？

（引自《青年的人生观》，1948 年，载《陈鹤琴全集》第六卷，第 256 页）

10

所以，我的看法，要大家把公事当作私事去做，把私事当作公事去办，不要仅仅重于私事而忘掉公事！否则，任凭你的能力如何强，但在服务道德上，你是有着不可弥补的缺点。

（引自《青年的人生观》，1948 年，载《陈鹤琴全集》第六卷，第 257 页）

11

人与人之间的结合，虽则有些方面相当神妙，但就大体上说，还是有着路的。我以为朋友之间，能取得互信，也是很重要的，否则互相猜疑，这个友谊是不会长久的。以夫妻而论，又何尝不如此呢？

（引自《青年的人生观》，1948 年，载《陈鹤琴全集》第六卷，第 257 页）

12

世间上很少有一完人的，所谓"取人之长，舍人之短"，也是这个意思。别人有了过失，我能原谅！我有了过失，别人也会原谅！因为任何人都是免不了犯过失，人的好坏，本来也是从比较上得来的。

（引自《青年的人生观》，1948 年，载《陈鹤琴全集》第六卷，第 257~258 页）

13

我以为无论做人求学做事的出发点都是一个"爱"字，大至世界，小至夫妇、朋友，都应该相亲相爱！

（引自《青年的人生观》，1948 年，载《陈鹤琴全集》第六卷，第 258 页）

14

人与人之间的往还，应在均衡的状态下生存发展的；换句话说，惟有互惠平等，彼此提携，方能持久。不然，一味为自己打算盘，第一次或许有人会上当，到第二次，大家都晓得了，还会上你的当吗？

（引自《青年的人生观》，1948 年，载《陈鹤琴全集》第六卷，第 258 页）

写给青年

1

人生三法宝：

（1）"照妖镜"：你发脾气的时候，把你的脸孔照一照。

（2）"天平秤"：处事接物，必须处之以公正的态度。

（3）"十字架"：人生在世究竟为什么？无非是为人类谋幸福。要为人类谋幸福，你必须"背着十字架"，牺牲自己，帮助别人。

（引自《写给青年》，1941 年，载《陈鹤琴全集》第六卷，第 428 页）

2

世界上为什么许多有才能的人常常东碰壁，西碰壁，遇到各种的困难呢？仔细考察起来，不是因为他们没有能力办事，实在因为他们不知道怎样做人：说话太随便，做事太鲁莽，思想不正确，态度不和蔼，利己心太重，事业心太薄弱，一遇到困难就灰心，一遇到人事就办不通，终日悲天尤人，不肯反求诸己。"做人"比"做事"难得多，我愿你们把这道理好好研究一下，体会一下。

（引自《写给青年》，1941 年，载《陈鹤琴全集》第六卷，第 428 页）

3

我们做事做人，不能不顾是非曲直，总是认为自己是对的，别人是错的，要经常反过来想一想：错的也许在我，对的也许在人。自卑心理，固然要不得，但是如果只承认自己对，别人错，那未免太自负，太不讲情理了。

（引自《写给青年》，1941 年，载《陈鹤琴全集》第六卷，第 430 页）

4

有一个希腊故事说："一个人背着两只口袋，前面一只口袋，装了别人的过失，背后一只口袋，装了自己的过失，所以他只看见别人的错误，而看不见自己的过失。"现在我们要把装别人过失的口袋移到背后去，把装有自己过失的口袋移到前面来，这样才能够使自己变成一个克己想人的人。

（引自《写给青年》，1941 年，载《陈鹤琴全集》第六卷，第 430~431 页）

5

乐观的人能引起他人的快感，甚至使人无形中得着鼓励。他好像一个太阳，一个发电机，使人感到光明，感到温暖。他对任何事物都充满热望，觉得一切事都大有可为。他觉得生活是大有意义的，有目标的；工作是有趣味的，有价值的，所以他能以最大的努力去从事他的工作，能以最大的热忱去实现他的理想。

（引自《写给青年》，1941年，载《陈鹤琴全集》第六卷，第433页）

6

任何事业的成功，事先如有周详的计划，则成功的可能性愈大。

（引自《写给青年》，1941年，载《陈鹤琴全集》第六卷，第433~434页）

7

我们中国人对于朋友向来是看得很重的。朋友分两种：一种是"益友"，一种是"损友"，这两种朋友无论在学校里、在社会上都会遇到的。所谓"益友"，就是道义之交，道义之交是彼此以学问道德相结合；所谓"损友"，就是势力之交，是以金钱名利相结合的。我们所需要的当然是道义之交，不是那种势利之交。

（引自《写给青年》，1941年，载《陈鹤琴全集》第六卷，第438页）

8

在朋友的背后，批评他的短处，是最容易伤感情的。哪一个是十全十美的呢！假若你发现了朋友的短处，你可以当面劝告他，切不可在他的背后批评他，否则，要是他知道了，他对你一定不满意，甚至于会绝交。

（引自《写给青年》，1941年，载《陈鹤琴全集》第六卷，第440页）

9

为什么要有朋友呢？无非是"患难相共""联络感情""砥砺品学"。现在你有困难了，你的朋友出来帮忙，你一定很感激的；假使你的朋友有困难，你当然应当帮助他，这是古人所谓"患难相共"意思，也是人情的常理。但是又有一点，互相帮助也是有原则的，要看是什么性质的困难。私交同公谊要分开，有的人只顾到私交而忘记了公谊，朋友有困难的时候，就移用公款解决他的困难，这是公私不分，实在是要不得的。

（引自《写给青年》，1941年，载《陈鹤琴全集》第六卷，第440页）

10

你有困难的时候，你的朋友不来帮助你，你没有觉得十分难过；假使你的朋友，为了自己的利益，用不正当手腕加重你的困难，甚至把你出卖而加害于你，那你的心不觉得像刀刺吗？所以交朋最痛心的，莫过于"卖友"。

（引自《写给青年》，1941年，载《陈鹤琴全集》第六卷，第440页）

11

关于"信"这层道理，在中国古书上说得很清楚，什么"言必有信"，什么"与人交可以无信乎?"现在的人对于守信没有这样重视了，讲过的话不算数，立过的约不兑现，朋友间的友谊当然容易破产了。

（引自《写给青年》，1941 年，载《陈鹤琴全集》第六卷，第441页）

12

人类的关系，在某种定义上是建筑在"爱"的基础上，基督教所崇尚的"博爱"，佛家所倡导的"慈悲"，儒家所阐扬的"仁爱"，墨子所主张的"兼爱"，莫不以"爱"为出发点。朋友之间更应相亲相爱，以建筑更密切的友谊。

（引自《写给青年》，1941 年，载《陈鹤琴全集》第六卷，第441页）

13

朋友之谊是在均衡的状态下存在的，换句话说，友谊是互惠平等的，所以两方面应当互相协助，彼此提携，所谓"守望相助""有无相通"，这样友谊才能持久。

（引自《写给青年》，1941 年，载《陈鹤琴全集》第六卷，第441页）

14

你的朋友不论是贵是贱，你都应当尊重他的人格，即使同你最亲密的朋友开玩笑的时候，你也应当顾到他的人格，不要任意戏谑。有时候你在无意之中触犯了朋友的尊严，说不定会因此而引起不愉快的结局。你要朋友尊重你，你应当先尊重你的朋友；你不尊重你的朋友，你的朋友也不会尊重你的。

（引自《写给青年》，1941 年，载《陈鹤琴全集》第六卷，第 441 页）

15

究竟怎样保持你的笑容呢？第一，你先要抱一个乐观的态度；第二，要有坦白的心地；第三，要有热烈的情绪。有些深通世故的人常常装出一副伪善的笑容来，这种笑容，正是俗语所说："皮笑肉不笑。"这不但不可亲，简直很可怕，这是最要不得的。

（引自《写给青年》，1941 年，载《陈鹤琴全集》第六卷，第 441 页）

16

老实说一句，学问道德都是学不完、做不完的。假使你的的确确是一个求上进的少年，你就一定永远不会感到知足，永远要亲身去改造现实，追求光明，研讨真理，实现理想。

（引自《写给青年》，1941 年，载《陈鹤琴全集》第六卷，第 442 页）

17

外国有一句格言说得很好："Be contented with what you have, be discontented with what you are." 什么意思呢？就是对于你所有的，你应当表示知足；对你所足的，你应当表示不知足。

（引自《写给青年》，1941 年，载《陈鹤琴全集》第六卷，第 443 页）

18

人要克服"利己"，第一步先要"推己及人"。从前孔子说："己所不欲，勿施于人。"这就是克服"利己心"的好办法。但这还不过是一个消极的办法，积极方面，顶好要帮助人。为了要帮助人，情愿牺牲自己的利益，这种精神才是人类所具的崇高的德行。这种德性，才把人类和禽兽区别开来。

（引自《写给青年》，1941 年，载《陈鹤琴全集》第六卷，第 446 页）

19

能够帮助人的人一定能爱人；能够爱人的，一定能帮助人。甘地的故事，就是顶好的证明。这种"助人"的美德是很不容易养成的，其中主要的，先要对人有博爱的精神。若是你没有对人类的爱，你就不会帮助人，即使你有时帮助人，你也是有企图的，希望他将来酬报你。这种帮助，动机就不纯洁，等于一种待价而沽的商品，并不比"利己"好多少。

（引自《写给青年》，1941 年，载《陈鹤琴全集》第六卷，第 447 页）

20

像这种"助人"的好道德，是要慢慢儿培养起来的。我们固然不能一时就做到"无我"，但是我们要训练，就以"己"做出发点，由"损人利己"的卑劣行为，进步为"己所不欲，勿施于人"，再进而为"己所欲施于人"，更进而为"自我牺牲，为人造福"。

（引自《写给青年》，1941 年，载《陈鹤琴全集》第六卷，第 447 页）

21

不论是你的同学或同事，有冷的，你应该温暖他；有病的，你应当看顾他；有什么困难或需要的，你应该帮助他。你要做到古人的所谓"解衣推食"，你这就战胜了卑劣的"利己心"了。

（引自《写给青年》，1941 年，载《陈鹤琴全集》第六卷，第 447~448 页）

22

我从小到现在，虽然事业还没有全部完成，

却也稍稍奠定了一点基础。我自愧没有超人的能力，但能常常借这四个字来鼓励我自己。我有时做事，遇到挫折，心里也好难过，但是一想到"决不灰心"四个字，我就像受了启示一般，立刻会跳起来，努力去继续工作。

（引自《写给青年》，1941 年，载《陈鹤琴全集》第六卷，第 449 页）

23

中国有一句俗话说："世上无难事，只怕有心人。"这就是说任何事情无所谓难不难，要看你有没有勇气去克服，有没有决心去干到底。你要是有决心，有勇气，不灰心，不气馁，就可以取得成功。

（引自《写给青年》，1941 年，载《陈鹤琴全集》第六卷，第 450 页）

24

我们不论是在学校里或是社会上，都要学习做人。学习做人，一定要培养负责的精神。如果我们在年轻的时候能够负责，将来大了，当然也能够负责；假使现在做事不负责，敷衍了事成了习惯，到了将来，就不容易做事负责了。

（引自《写给青年》，1941 年，载《陈鹤琴全集》第六卷，第 452 页）

25

亲爱的少年，我们要做到"负责"，先要有

自我牺牲的精神和决心；不怕困难，不怕阻挠，不辞劳苦，不惜牺牲，然后方能负责到底，做一个堂堂正正的中国少年；否则，我们便对不起国家，对不起社会，对不起自己！

（引自《写给青年》，1941 年，载《陈鹤琴全集》第六卷，第 453 页）

26

中国向来是一个人治的国家而不是靠"法治"，我们则常常讲人情面子而回避法律。我们现在应当培养法治的精神，不是靠"人"来管，而是靠"法"来管。以人来管，收效不大，也不能持久。假如管的人不在了，被管的人不是就失掉了约束了吗？如果人们不敢做坏事，是因为怕法律的制裁，而不是怕某一个人的处罚，这就是有了法治的精神了。

（引自《写给青年》，1941 年，载《陈鹤琴全集》第六卷，第 454 页）

27

讲到这里，我们可以得到一个结论，就是被人治不如自治，自治必先守法。有了守法的精神，这就表示你已经有自治的能力了。

亲爱的少年，你在学校里，在家庭里，在社会上，能够做到自己管自己了吗？当没有父母师长在面前的时候，你也可以用法字来约束自己，使自己不致枉法越轨吗？假使你能够这样，你才可以算是一个新中国的少年，你才配做一个民主国家的公民。

（引自《写给青年》，1941 年，载《陈鹤琴全集》第六卷，第 455 页）

28

比如你对人无礼，大声谩骂，你就失掉自己的尊严，丧失自己的人格；你若对人有礼，和蔼可亲，别人就会格外尊重你。这岂不是对人有礼就是对自己有礼吗？

（引自《写给青年》，1941 年，载《陈鹤琴全集》第六卷，第 457 页）

29

绍兴地方，流行一句俗话，是"前半夜想想自己，后半夜想想别人"，意思是讲一个人不要专为自己，想到自己的时候，也应该去想到人家。有人说了一句很有趣的话："前半夜想自己的时候，我会聚精会神地去想；到了后半夜，我已疲倦要睡觉了。"这就是我们普通人自私利己的表现。

（引自《写给青年》，1941 年，载《陈鹤琴全集》第六卷，第 462~463 页）

青年求学方法

1

求学不仅限于读书，而是包括了学做人，学做事，学做学问，但有一个先决条件，应培养小孩子先立志，因为有了志向，做人、做事、做学问就有目的，也会起劲。不然，让一个小孩子糊里糊涂地去学，那一定学不好的。

（引自《怎样做父母》，1948 年，载《陈鹤琴全集》第二卷，第 691 页）

2

我以为方法就好比一把钥匙，假使没有一把钥匙，锁就开不开，像瞎子在暗中摸索一样。我有两句话："处处有学问，人人皆吾师。"

（引自《怎样做父母》，1948 年，载《陈鹤琴全集》第二卷，第 691 页）

3

我常常会体味到读一本有价值的好书，好像吃一个成熟的苹果，它不仅有那美丽的颜色，并且还有更丰富的养料和鲜美的滋味。我们给小孩子们读的书，就要选择那丰富有养料的书，可以吸收的书。第二种是没有字的书，关于这点，我在活教育上所常讲的"大自然，大社会，都是我们的活教材"，就是我今天所说的没字的书，活的书。

（引自《怎样做父母》，1948年，载《陈鹤琴全集》第二卷，第693页）

4

求学不是为了谋个人发展的秘制的单方，学问也不应限于少数人所享受的"私有财产"，而是为了谋大众的利益，为将来能多做一些事作准备，也不像时下一般士大夫们所夸耀的"高不可攀"的"法宝"，而是做人所必须具备的。

（引自《怎样做父母》，1948年，载《陈鹤琴全集》第二卷，第693~694页）

5

某种动机的引起，必须先要有某种需要。何为需要，就是在某种情况之下，不得不做某种活动。譬如在水里面才好学习游泳，在山上才好练习爬山，各种学习均是如此。否则犹如在陆地上学游泳，在平地上学爬山，即使盲目地去干，亦终究无济于事的。

（引自《师范教育的根本问题》，1928年，载《陈鹤琴全集》第五卷，第026页）

6

学习的人有了需要，有了动机，才能把学习

的事当做切身问题，不需外力的压迫，自动地去做。这种自动学习的效率绝大，用其他任何教学方法都是达不到的。

（引自《师范教育的根本问题》，1928 年，载《陈鹤琴全集》第五卷，第 026 页）

7

凡学问主实践，知行重合一，物理化学也、绘画也、木工也，皆从实验室求得之。公民学科（civics）乃独不若是。吾人素以为公民学识与道德，可在书本中、国庆中、国歌中、集会中，学得之。

（引自《学生自治之结果种种》，1919 年，载《陈鹤琴全集》第六卷，第 002 页）

陈鹤琴人生格言

1

在童年时代，我的人生观无非在显亲扬名。在中学时代，我的人生观在济世爱众。在大学时代，我的人生观除济世爱众外还能注意到救国呢！

（引自《我的半生》，1941年，载《陈鹤琴全集》第六卷，第525页）

2

挨了饿，才知道饿是怎样一回事，使我们以后对于挨饿的人，格外容易表同情，所以偶然挨挨饿，也是于一个人的同情心有很大益处的。

（引自《我的半生》，1941年，载《陈鹤琴全集》第六卷，第498页）

3

早起的习惯，还有一种好处，就是意志力的加强、自信心的加深。凡是人总是贪安逸、图舒服的。身体上的欲望常常克服心内的意志与自信。我能吃苦，不贪安逸，不怕艰难，以坚强的意志、深厚的自信，战胜一切身体的欲望。这种意志力，这种自信心，对于我的一生做人是有很大帮助的。

（引自《我的半生》，1941年，载《陈鹤琴全集》第
六卷，第512页）

4

读书最怕没有恒心。有的学生开始是很勤奋
的，到后来就不能刻苦用功了。我用一种自励的
方法，来维持苦学的恒心，来刺激向上的精神。
是什么方法呢？就是古人用的座右铭。我把好的
格言一句一句地记录在纸条上，再把纸条一条一
条地挂在墙壁上。不但如此，我常常把这些格言
当做歌儿唱。一遇困难就会想到一句格言。格言
对于我人格的发展是很有影响的。

（引自《我的半生》，1941年，载《陈鹤琴全集》第
六卷，第514页）

5

我的清华时代，好像万象更新的新年，好像
朝气蓬勃的春天。我的希望，非常远大；我的前
途，非常光明；我的精神，非常饱满；我的勇气，
非常旺盛；我的自信，非常坚强；我的自期，非
常宏远。那时做人真觉得无穷愉快。

（引自《我的半生》，1941年，载《陈鹤琴全集》第
六卷，第519页）

6

我回忆当年离吾校不远的地方海淀成府，我
专为附近穷苦失学儿童办了一个义务小学，每天

下午4时回来还为清华校役办一个补习夜校。这是我一切为儿童，一切为教育，一生从事教育事业的开端。

（引自《一切为儿童》，1981年，载《陈鹤琴全集》第六卷，第419页）

7

清华创办的历史我很明白。清华的经费是美国退还的庚款。庚款是什么呢？无非民脂民膏而已。所以我觉得我所吃的是民脂民膏，我所用的也是民脂民膏，将来游学美国所有的一切费用，也都是民脂民膏，现在政府既然以人民的脂膏来栽培我，我如何不感激呢？我如何不思报答呢？爱国爱民的观念从此油然而生了。

（引自《我的半生》，1941年，载《陈鹤琴全集》第六卷，第525页）

8

一个人做人总有一定的志向。定了志向，再定学什么。现在我要自己问一声："究竟我的志向是什么？我的志向是为个人的生活吗？决不！是为一家的生活吗？也决不！我的志向是要为人类服务，为国家尽瘁。"我又追问自己说："医生不是可以为人类服务，为国家尽瘁吗？"

"是的，但是医生是医病的。我是要医人的，医生是与病人为伍的。我是喜欢儿童，儿童也是喜欢我的。我还是学教育，回去教他们好。"

（引自《我的半生》，1941年，载《陈鹤琴全集》第六卷，第531页）

9

霍普金斯的校训是"真理使你自由"。自由有政治上的自由，有道德上的自由，有学问上的自由，有身体上的自由。一个人要有种种自由，就要先明白真理，得着真理。霍普金斯研究真理的那种精神，真使我五体投地。以后我回国做点研究工作，未始不是受霍普金斯之所赐呢！

（引自《我的半生》，1941年，载《陈鹤琴全集》第六卷，第537页）

10

那时候，我对于求学有一个原则：就是"凡百事物都要知道一些，有一些事物，都要彻底知道"（Try to know something of everything and everything of something）。

（引自《我的半生》，1941年，载《陈鹤琴全集》第六卷，第534页）

11

我觉得一个游学生到国外去游学，最重要的不是许许多多死知识，乃是研究的方法和研究的精神。

（引自《我的半生》，1941年，载《陈鹤琴全集》第六卷，第537页）

12

布克写了一本自传，叫做《黑奴成功传》（*UP from Slavery*）。这本书后来我看到的，给了我很大的感动和鼓励。一个到了19岁开始读书的黑奴，能够努力奋斗，教导群众，为社会谋幸福，为民族增光荣！我们自命为优秀分子，曾受过高等教育，应如何奋发惕励，为国努力呢！

（引自《我的半生》，1941年，载《陈鹤琴全集》第六卷，第541页）

13

一方面我从自己的经验中，体会到中国人是一个勤劳、朴素、坚毅、勇敢、富于创造性的优秀民族，从阅读历史中我认识到中国是一个"地大物博""锦绣河山"，又伟大又可爱的国家。另一方面，我了解到满清政府的腐败，一败于英，再败于日，三败于八国联军，中国命运岌岌堪危。由于以上体会和认识，民族意识、爱国观念油然而生。

（引自《我学成回国一定要为人民服务》，1914年，载《陈鹤琴全集》第六卷，第390页）

14

我是你们的校长，也是愿意驮着你们奔走于荒漠间的骆驼，尽我的力，我要为你们寻找可以使你们休息、学习、工作、发展的绿洲。只要我存在一天，我对教育事业，对你们，不会有一丝一毫的懈怠，我要斗争下去。

（引自《给留在江西的国立幼师全体同学的公开信》，1945年，载《陈鹤琴全集》第六卷，第333页）

15

热爱、了解和研究儿童，教育他们使之胜过前人。

（引自《为〈幼儿教育〉创刊号题》，1981年，载《陈鹤琴全集》第六卷，第420页）

16

我是喜欢儿童的，我的志趣，就是儿童教育。但我更有一个偏见，觉得儿童总是可爱的，即使是低能的儿童。不过，他们的命运和将来的前途，我敢说是大概操在教养他们的成人手中，所以我也总觉得儿童教育这一门工作非常之重要了！但由于我们（连我自己也在内）不会教，和没有给他们受教的机会，因而不知道贻误了多少的儿童，戕害了不知道多少新的嫩苗！

（引自《一点感想》，1948年，载《陈鹤琴全集》第五卷，第209页）

图书在版编目（CIP）数据

陈鹤琴教育箴言/陈鹤琴著. —上海：华东师范大学出版社，2013.6

ISBN 978-7-5675-0936-8

Ⅰ.①陈... Ⅱ.①陈... Ⅲ.①陈鹤琴（1892~1982）-教育思想 Ⅳ.①G40-092.7

中国版本图书馆 CIP 数据核字（2013）第 140888 号

大夏书系·名家经典

陈鹤琴教育箴言

著　　者	陈鹤琴
编选者	柯小卫　束菱舟
策划编辑	李永梅　程晓云
审读编辑	杨　坤　卢风保
封面设计	奇文云海
责任印制	殷艳红
出版发行	华东师范大学出版社
社　　址	上海市中山北路 3663 号　邮编　200062
网　　址	www.ecnupress.com.cn
电　　话	021-60821666　行政传真　021-62572105
客服电话	021-62865537
邮购电话	021-62869887　地址　上海市中山北路 3663 号华东师范大学校内先锋路口
网　　店	http://hdsdcbs.tmall.com/
印　刷　者	北京东君印刷有限公司
开　　本	787×960　32 开
插　页	1
印　张	9
字　　数	135 千字
版　　次	2013 年 8 月第一版
印　　次	2020 年 8 月第三次
印　　数	12 101-14 100
书　　号	ISBN 978-7-5675-0936-8/G·6650
定　　价	25.00 元
出　版　人	朱杰人

（如发现本版图书有印订质量问题，请寄回本社市场部调换或电话 021-62865537 联系）